天下文化

BELIEVE IN READING

總統的脊梁

二〇二四中華民國總統大選的兩岸視角

黃年

社會人文559

目錄 *Contents*

第二部／台灣不是烏克蘭　中國不是俄羅斯

第三部／從大地板中國到大屋頂中國

第四部／還好有鄧小平

出版者的話

黃年的書生報國：為台灣總統大選定錨

高希均（遠見．天下文化事業群創辦人）

（一）黃年又寫了一本好書

四十八年前，熱血青年黃年從政大新聞系畢業，在政大政治研究所讀書時，即投身媒體工作。用「資深」已不足形容他的付出與貢獻；他是一輩子的媒體人與評論家。尤以他在《聯合報》擔任二十一年（一九九二—二〇一三）總主筆，是台灣報紙媒體界的一枝社論鐵筆。我自己教了多年書，影響限於教室；他的社論影響了台灣社會的幾代人。

適逢其會地經歷過退出聯合國、中（台）美斷交等一九八〇年代的大事件，第一線的黃年，在時勢造英雄下，充分發揮了新聞感與判斷力。

在兩岸關係驚濤駭浪的變化中，常在重要時刻創造出貼切傳神的「名詞」，從「筷子理論」（一九九〇）、「上位概念的一個中國」（一九九三）、「統一公投」（一九九八），到二〇一〇年之後的「渡河論」、「目的論與過程論」、「杯子論」，最終而成兩岸的「大屋頂理論」，為台灣及大陸的各黨各派，提出兩岸解方。兩岸政治人物與專家學者對此有贊成的、有反對的；但無不佩服他思慮的博大精深。這位「星雲真善美新聞獎」第一屆評論獎得主（二〇一四），實至名歸。

二〇一六年川普當選美國總統之後，一反過去對中國經貿與科技的雙贏與合作，轉為封殺與對抗，獨斷地重畫後冷戰時代的新地緣政治圖像，首當其衝的就是中美經貿與軍事對抗，陷兩岸關係於空前的僵局，一直延伸到今天。

我們切莫忘記「外交才子」錢復多年前就提出的「兩岸政策是外交政策的上位政策」，先有穩定的兩岸政策，才能有兩岸的和平與繁榮。近年來對台友好的幾位國際著名評論家，也分別告訴台灣讀者類似看法，引述三位的建言：

(1)哈佛傅高義教授去世前一月（二〇二〇年十月）在遠見高峰會視訊中告訴聽眾：「兩岸難題不會給下一代解決；台灣的總統要非常小心。」

(2)《紐約時報》專欄作家佛里曼：「台灣不要輕信華府政客的甜言蜜語。」「台灣繼續發展經濟，遠離政治，就能常保安康。」

(3)前AIT主席卜睿哲：「台灣沒有太多犯錯的空間。」「美中若衝突，台灣絕不會受益。」「一個分裂的台灣社會，將使自身的國際處境更加脆弱。」

——參閱《20位國際大師遠見連線：透視全球變局》（二〇二三年六月，遠見・天下文化）

（二）兩岸領導人共同挑戰

二〇二四年這次的總統大選，是台灣「和平 vs. 戰爭」的關鍵時刻。面對近年來美中台三邊緊張的關係，我不斷大聲呼籲：和平是唯一的選項。

此刻正是細讀黃年這本新著的最佳時機，特別是兩岸領導人。「天下文化」先後出版了四本他的相關著作：

(1)《大屋頂下的中國》，二〇一三年二月。
(2)《蔡英文繞不繞得過中華民國》，二〇一五年七月。
(3)《韓國瑜 vs. 蔡英文：總統大選與兩岸變局》，二〇一九年七月。
(4)《希望習近平看到此書：化解兩岸困局》，二〇二一年十月。

台灣近年已陷入「人在禍中不知禍」的危機漩渦；在兩岸論述僵硬、貧乏又混亂的年代；在百家缺少爭鳴的年代；黃年從不缺席，從不遲疑。這本書是當前總統大選情勢混沌中，選民投票時的一個方向盤。大家再忙也要先看兩萬字的序：〈定錨中華民國：台美中應以「中華民國」相互攤牌〉，摘引六個要點：

- 兩岸問題的終局解方，應當朝向：「為人類文明建立典範，為兩岸人民創造救贖。」
- 在現今階段，兩岸應當淡化「統一／台獨」的目的論，移向「和平發展」的過程論。
- 過程論的基本理論是：「定錨中華民國／共構和平競合。」
- 中共反對台獨，台灣主張「一中各表」。這就是定錨。
- 兩岸相互守住底線。你不武統，我不台獨。

・天佑大屋頂中華，天佑大屋頂中國。

（三）「天下文化」出書的用心

一個時代的歷史，是由一些革命家、思想家、政治人物及追隨者與反對者，以血、淚、汗所共同塑造的。其中有國家命運的顛簸起伏，有社會結構的解體與重建，有經濟的停滯與飛騰，更有人間的悲歡與離合。

百年來我們中國人的歷史，正就徘徊在絕望與希望之中，毀滅與重生之中，失敗與成功之中。沒有歷史，哪有家國？只有失敗的歷史，何來家國？

歷史是一本舊帳。但讀史的積極動機，不是在算舊帳；而是在擷取教訓，避免悲劇的重演。

歷史更可以是一本希望之帳，記錄這一代中國人半世紀來在台灣的奮鬥與成就，鼓舞下一代，以民族自尊與驕傲，在二十一世紀開拓一個中國人的天下！

以傳播進步觀念為己任的「天下文化」，自一九八二年以來，先後出版了實際參與改變中國命運與台灣發展重要人士的相關著作。這些人士都是廣義的英雄，他們或有英雄的志業、或有英雄的功績、或有英雄的失落。在發表的文集、傳記、回憶錄中，這些黨國元老、軍事將領、政治人物、企業家、專家學者，以歷史的見證，細述他們的經歷軌跡與成敗得失。

就他們所撰述的，我們尊重；如果因此引起的爭論，我們同樣尊重。我們的態度是：以專業水準出版他們的著述，不以自己的價值判斷來評論對錯。

在翻騰的歷史長河中，蓋棺也已無法論定，誰也難以掌握最後的真理。我們所希望的是，每一位人物寫下他們的經歷、觀察，甚至後見之明。他們的貢獻，是為歷史留下紀錄；他們的挑戰，是為未來接受檢驗。

二〇二三年八月於台北

推薦序

爲兩岸和平撥雲指路

張亞中

拜讀黃年先生的文章一向是件很享受的事。其知識淵博、行文風采、家國情懷，他長年筆耕、諤諤告誡、從不懈怠，是思想的前輩與長者，是台灣社會的資產，更是我敬佩仰慕的對象與學習的榜樣。必須要說，做為當代知識份子的表率，黃年先生當之無愧。

黃年先生囑我為其最新大作《總統的脊梁》為文推薦，十分惶恐、萬分榮幸。本書取名《總統的脊梁》，意在告誡所有總統參選人，其治國理念必須以中華民國憲法為脊梁。依照黃年先生的話說，只有「定錨中華民國」，台灣內部才能取得共識，大陸接受「一中各表的九二共識」，兩岸關係才能全面開展，中美台三方才能有最堅實的交集。

黃年先生告誡的背後，我想是因為他看到目前各政黨及候選人總是說些似是而非、思想混淆、不著邊際、能混就混、能閃就閃的兩岸論述。黃年先生說，蔡英文否定九二共識，把自己困在牆角，「使台灣淪為一隻在牛棚裡已完全失去主體性的美國刺蝟」。而賴清德擺出比蔡英文更否定九二共識的架勢，他的「台灣與中國互不隸屬／兩岸關係是國際關係／台灣人不是中國人」等論調根本就是「法獨」的確證。

在黃年先生的眼中，民眾黨總統候選人柯文哲的兩岸論述是「機會主義」，內容空洞，基本上是閃躲而不實質面對，只是「利用『反藍綠建制』的民意，以『政治疏離』代替『政治主張』。在這種策略下建構的兩岸論述，橫看更開放，側看卻是更為空泛，反映了情緒，但未建立實質的政策」。

黃年先生對於國民黨及總統候選人的兩岸論述應該也是有意見的，他認為「有相當長的時間，九二共識幾乎成了國民黨的禁忌」，而自我丟棄了這個「打開兩岸僵局的鑰匙」。的確，國民黨內部對於「九二共識」一詞的內涵與陳述方式已經明顯發生改變。這個改變也代表了國民黨對兩岸關係認識的變化。

雖然我們不能認同民進黨「去九二共識」、「去一中」的作為，但是台灣民意的確已在民進黨的推動下悄然轉變。在經歷民進黨陳水扁八年執政，馬英九總統在第一任期放棄推動兩岸和平協議之後，「維持現狀，只經不政，只易不難」成為國民黨兩岸政策的主旋律，連帶對「九二共識」的詮釋也發生改變。二〇一二年馬英九總統的第二任期起，開始把「九二共識，一中各表」連結在一起做為一個整體論述。二〇一六年國民黨在野後，對於九二共識的定義與堅持，更是愈趨模糊與微弱了。

太陽花運動及民進黨在二〇一九年開始將「九二共識」等同於「一國兩制」的操作後，國民黨因擔心失去選票，更是想迴避「九二共識」與「一中」論述。江啟臣主席任內，再把「各表」變成「我表」，「九二共識」變成「中華民國憲法的九二共識」（簡稱「憲法九二」）。朱立倫主席曾在美國主張「九二共識是沒有共識的共識」，參選總統的侯友宜或許是接受了江啟臣的建議，也主張「中華民國憲法的九二共識」。從此，「九二共識」內容已經變質異化。各位可以試想，如果中共也依樣畫葫蘆，同樣主張「憲法九二」，但卻是「中華人民共和國憲法的九二共識」，請問：兩岸還談得下去嗎？「憲法九二」的說法其實就等於不想再提「九二共識」了。

黃年先生應該是看到這些問題，因此憂心地提醒與提出解方。他認為，此次大選，國民黨及侯友宜決定以中華民國及中華民國憲法為主軸，而中華民國憲法就是「憲法一中／一國兩區／一中各表」的憲法，「既然如此，則為何不能早早旗幟鮮明地堅持『一中各表的九二共識』？」只要主張「沒有一中各表就沒有九二共識」即可。

黃年先生對台灣民意的了解是深刻的，他不僅想提醒國民黨，「一中各表」對兩岸關係的重要，也想讓北京了解，不容許「各表」，在台灣如何談「一中」？不先有和平發展，如何落實統一？因此，他提醒中共應有智慧在「中華民國」與「務實台獨」之間做一選擇，應該從只談「統一」的「目的論」，轉向強調「和平發展」的「過程論」。

黃年先生的確是語重心長，但是有一個問題仍然存在，即「一中各表」，並非是當時一九九二年兩岸的共識。北京認可的共識只有「堅持一個中國」與「謀求國家統一」兩個部分，當時大陸對於台灣方面主張的「一中各表」，只是尊重而已，但是也沒有同意「一中」可以「各表」。在大陸的認知裡，「一中各表」是不能與「九二共識」並列的。

另一個問題，當時的「九二共識」的功能只能處理兩岸事務性問題。馬英九總統執政八年時期，兩岸也簽署了二十三項協議，但是在北京的認知中，外交雖然休兵、軍事相互克制，但是政治關係依然敵對，兩岸現狀仍是內戰狀態。

台灣方面應該要思考的是，所謂的「維持現狀」，其實只是「維持目前的民間交流與政治敵對現狀」。如果要改變現狀走向和平，「一中各表」是不夠用的。兩岸若要走上和平，就必須坐下來談。而最重要的，就是如何找到一個彼此能夠共同接受的「一中內涵」，也就是兩岸政治定位為何？這也是一九九二年當時沒有，且無法處理的政治難題。

如果兩岸未來要走上和平，有兩個問題必須要處理。一是確定兩岸「主權與治權」的法理與政治現實關係，「一中內涵」從「各表」或「不表」走向「同表」。二是把兩岸的政治定位關係用一個協議確定下來。

「定錨雙方憲法」與「尊重政治現實」是雙方應有的態度。依照目前兩岸的憲法，其主權所宣示的範圍均包括對方領土，因此，兩岸主權所宣示的範圍是重疊的。但是，從一九四九年迄今的另一個政治現狀，則是兩岸政府目前在各自所統治的領域享有完整的治權。因此，兩岸目前的「法理現狀」是「（治權）分治（主權）不分裂」的關係。

我們需要透過一個協議，把目前「分治不分裂」的法理現狀固定下來，即共同相互接受對方的治權，也共同承諾不分裂整個中國（台灣與大陸為一整體）的主權。

這個法律協議，可稱之為和平協議，因為其具備結束兩岸敵對內戰、走上和平的功能。因涉及主權，兩岸和平協議屬於憲法性的文件，這就是我長期主張「一中三憲」的「第三憲」。這個和平協議的第三憲就是黃年先生長期主張「大屋頂中國」的開始。黃年先生目前主張的「大屋頂」以「一中各表」為基礎，因此有可能是虛的屋頂，但是加入共同承諾「整個中國主權不可分裂」的重要內涵後，「大屋頂」就成為一個有法律約束的實的屋頂。

以「分治不分裂」為基礎簽署兩岸和平協議，或許可以是黃年先生論述及兩岸下一步值得努力的方向。

俄烏戰爭仍未結束，兩岸兵凶戰危已是國際的共識，如何為兩岸創造和平已為當務之急。本書所稱「台灣應在兩岸關係中規劃出自己的道路」，是黃年先生對國人與所有總統候選人的殷殷期許。值得慶幸的是，黃年先生已在本書中為兩岸和平撥雲指路。

本書的出版，感謝黃年先生。也祈盼天佑中華民國，和平早日降臨！

孫文學校總校長張亞中　謹誌

中華民國一一二年八月一日

自序

定錨中華民國

台美中應以「中華民國」相互攤牌

這篇序文的標題有一點複雜，容我慢慢解釋。

二〇二四年一月十三日是中華民國第十六任總統選舉投票日。本書在二〇二三年八月出版，距大選僅五個月。七月二十四、二十五日《美麗島電子報》的民意調查顯示，三位總統候選人的支持度是：賴清德三五．一%，柯文哲二四%，侯友宜一九．九%。

本書取名《總統的脊梁》，來自本書的一篇文章〈中華民國總統的脊梁〉，靈感得自管中閔校長及楊渡兄的重磅巨著《大學的脊梁》。

一個國家必須有一部憲法做脊梁，中華民國應以中華民國憲法為脊梁。一國總統，亦應以國家憲法為脊梁，因此中華民國總統也應以中華民國憲法為脊梁。

但是，在台灣，國家的脊梁與總統的脊梁一向皆是一個核心的政治爭議，當然也是二〇二四總統大選的核心爭議。一切皆源自剪不斷理還亂的兩岸關係。

兩岸關係牽動總統大選，總統大選牽動兩岸關係。

不僅如此，二〇二四年的總統大選由於下述幾個主要原因，其與國際因素的相互牽動也較往屆總統選舉更大，因此也可以更清楚地見到，國際因素牽動總統大選，總統大選牽動國際因素：

一、由於俄烏戰爭，台灣問題國際化的趨勢急遽上升。台灣是不是烏克蘭？中國是不是俄羅斯？這些問題皆深廣影響此次大選。

二、習近平進入第三任期，一方面推進中國崛起，另方面面臨國際圍堵。崛起必須化解台灣問題，反圍堵也必須處理台灣問題。台灣問題是核心中的核心。如何不使台灣急轉直下地烏克蘭化？又如何使中國跳脫俄羅斯化？什麼是中共面對世界的「中國方案」？這些問題也將深廣影響中共對台灣此次大選的瞻前與顧後。

三、由於美國的操作，台灣儼然已經成為在牛棚裡熱身的烏克蘭。台灣是否就此決定要「倚美謀獨」，做一隻阻滯中國崛起的美國刺蝟？或仍然持守中華民國，繼續在兩岸做一座「民主燈塔」？這些問題，也必將影響大選進程及選後的情勢。

九二共識是李登輝的遺產

若將此次總統大選壓縮到最扁平的程度。可以說，這次選舉其實就是一個「九二共識何去何從」的抉擇。雖然選季迄今對這個題目的辯論攻防並未充分展開，遠遠不如預期，但必須認知「九二共識」仍是這次大選的主要糾結，且將延續到選後。因為，九二共識牽涉到台灣主體性的問題：台灣的主體究竟是台獨？還是中華民國？

也牽涉到中共與台灣相處的基本立場：中共究竟接不接受「九二共識／一中各表」？

這次大選如果搞不清楚這些問題，則選後這些問題仍將是兩岸的主要糾結。

「九二共識」其實是李登輝的政治遺產。當年，有國統會，有國統綱領。李登輝甚至與北京發展至「密使」往返的親密程度，他還跟中共說過「郝柏村太反共，要避開他」之類的話。一九九二年的兩岸香港會談，台灣方面當然由李登輝主持。國統會的「八一決議」，與海基會的「第八方案」皆出自李登輝，此即今日「九二共識／一中各表」的源起，這當然是李登輝的遺產。

如今，李登輝以「台獨教父」的地位辭世，但「九二共識／一中各表」似乎仍是兩岸關係的最佳路徑。歷史的諷刺，竟至於斯。

二〇一二大選，馬英九因「九二共識」而勝選連任；二〇二〇大選，蔡英文則因「反九二共識」而大勝連任。這是九二共識的奇蹟，也足證九二共識的巨大能量。

二〇一二年大選，馬英九主倡「九二共識／一中各表」、「不統／不獨／不武」。大選前幾日，美國在台協會前台北辦事處處長包道格來台公開表示，九二共識是兩岸都能接受的「必要妥協方式」；並稱，若是馬英九當選，北京及華府都將鬆一口氣。結果，馬英九勝選連任。

二〇二〇年大選，由於習近平在二〇一九年一月二日的對台談話，提出「共謀統一的九二共識」，並楬櫫「一國兩制／和平統一」，蔡英文在香港反送中的風潮中，立即將「九二共識」與「一國兩制」掛鉤。結果，蔡英文以八一七萬票大勝連任。

當下，九二共識已陷入兩種爭議。一種是「九二共識／一中各表」，這牽涉到台灣或中華民國的主體性；另一種是「一國兩制／九二共識」，這則牽涉到中共對台灣或中華民國主體性的立場。

兩岸問題的核心，就是如何認知台灣或中華民國主體性的問題。台灣自己如何定位？北京如何定位台灣？及美國如何定位台灣？這些皆攸關「九二共識」。

本書的立場是：兩岸應當「定錨中華民國，共構和平競合」。

「中華民國」與「務實台獨」的攤牌

本書的文選輯自二〇二一年十月至二〇二三年六月我在《聯合報》刊載的《大屋頂下》專欄的部分文章。本書分為四部，四十九篇文章在本書目錄中皆以阿拉伯數字編有序碼，本篇自序若有論及這些文章，會註明文章序碼，以便檢索。第一次標註為（第●篇／第●篇），其後僅標註阿拉伯數字。

上文稱，兩岸問題就是如何認知台灣或中華民國主體性的問題。往昔歷次大選，主體性問題皆是主軸議題。此次二〇二四年大選可謂尤其如此，且顯已出現深入論證的空前機會，但迄今仍只是悶燒，未見突破，殊為可惜。

其實，二〇二四大選在台灣主體性的議題上，藍綠紅各方已顯現攤牌的跡象。

馬英九訪陸的「九二共識／一中各表」之旅，可謂是用「中華民國」對中共攤牌。

賴清德則是以「反九二共識／務實台獨」對中共攤牌（第6篇／第38篇）。

本書認為，中共亦應當在「中華民國」與「務實台獨」之間做一選擇。或者，中共也可能主張，台獨不許，中華民國亦不容。

我認為，盱衡世局，中共當前面對台灣，正面臨「武統有約束／和統無論述」的困境。因此，中共應當思考改由「定錨中華民國」的路徑發展兩岸關係。兩岸經此次大選若再不能定錨中華民國，台灣問題必將使中共愈來愈棘手頭痛。

緣此，本書以很大篇幅評述中共從「以求同存異默認一中各表」、「實現馬習會」，至壓制「一中各表」，又回頭重提「海基會第八方案」，並稱許馬英九的「一中各表之旅」的曲折反覆過程，即在顯示中共對台灣主體性的定位也面臨攤牌時刻。

此際，應是中共最希望能維持住中華民國的時候。（30 31 32 33 34 35 36 37 38）

因此，在台灣藍綠雙方各以「中華民國」與「務實台獨」相互攤牌且各別向中共攤牌之時，中共亦應思考，也以「求同存異／一中各表」向台灣反攤牌，你不台獨，我不消滅中華民國，兩岸共同「定錨中華民國／共構和平競合」。

此即《大屋頂下》主張的「新型兩岸關係」。舊的兩岸關係是「中共與台獨都要消滅中華民國的兩岸關係」，新型兩岸關係則是「中共與台灣共同維持中華民國的兩岸關係」。

台灣若搞不定，中共與中國的內外情勢就搞不定。

中共若以「中華民國」對台灣反攤牌，我不消滅中華民國，你也別操弄台獨，則中華民國之錨既定，形形色色的台獨也可望邊緣化，中共及中國的內外情勢亦可趨於穩定。

這就是本篇自序標題的立意。美國攤牌部分稍後再說。

牆頭草概念：中華民國台灣

前文稱，此次大選原是對「台灣或中華民國主體性」的最佳思辨時機，但可惜未能充分展開，簡述原因如下：

一、**關於民進黨：**蔡英文在二〇二〇年以「反九二共識」大勝連任，但在就任後即做出想要轉彎的試探。包括宣示「依據《中華民國憲法》（暗示憲法一中）及《兩岸人民關係條例》（暗指一國兩區）處理兩岸事務」，及表達「一九九二年兩岸兩會秉持相互諒解求同存異的政治思維進行溝通協商，達成了若干共同認知與諒解，我理解並尊重這歷史事實」。（2 3 4 13）

蔡英文以「中華民國台灣」這個概念，站上牆頭草的地位。向前一步是「華獨」，向後一步是「殼獨」，但似已跳脫了「法獨」的位置。

看姚人多與蔡英文對蔣經國的論述差異，及蔡英文與謝志偉對中華民國國旗的表述不同（3 4），皆可看出蔡在兩岸路徑上的轉型試探。

其實，賴清德由「抗中保台」突然翻一個筋斗變成了「和平保台」，也是一個髮夾彎的大動作（12 13 14 15）；再如，他將「台灣地位未定論」借陳儀深改口成「以前未定，但現在定了」，亦可證明他在試圖轉彎（5）。

但賴清德的「務實台獨」卻矛盾百出，他的「台灣與中國互不相屬／兩岸關係是國際關係／台灣人不是中國人」，皆是由殼獨退回法獨的確證。（6 12 14）

他說，他的根據是《台灣前途決議文》，但決議文也僅止於「中華民國與中華人民共和國互不隸屬」，並未及於「台灣與中國互不相屬」的地步；他說他是追隨蔡英文的「四個堅持」，但蔡英文也未將話說到「台灣與中國互不相屬」。（6 13 30）「中華民國與中華人民共和國互不隸屬」，可謂仍在「一中各表」的憲法範疇內。「台灣與中國互不相屬」，則是「台獨」。

其間，陸委會主委邱太三還隔海試探北京：「維護中華民國的主權算不算台獨？」「九二共識能不能不要加註（共謀統一／一國兩制）？」

這些試探，皆顯示蔡英文當時仍在嘗試爭取「一中原則」及「九二共識」的定義權。

但至俄烏戰爭後，美國將台灣烏克蘭化的圖謀迅猛發展，民進黨前述的這些搖擺徘徊的動作亦趨怠速並停止，賴清德則更加堅定地站在「一中原則以中共的定義為定義／九二共識以中共的定義為定義」的立場，不啻是又由殼獨轉回了法獨。

本書第2至第6篇，記錄了蔡英文及賴清德在「法獨／殼獨／華獨／中華民國台灣／務實台獨／中華民國」之間的鬆動、徘徊、游移、閃躲、反覆、變形及轉型。

陰陽奇正　表裡虛實

「權謀操作／陰陽奇正」、「心智言行／表裡虛實」，這些其實原是政治舞台進退攻守的基本動作。民進黨的台獨路線面對內外情勢，在國家認同及憲法詮釋上必須有陰陽虛實的操作，亦可理解。

然而，民進黨玩弄台獨，但台獨也捆綁了民進黨。因此，一路走來，時而出現「（台獨）做不到就是做不到」（陳水扁）、「凍結台獨黨綱」（柯建銘等），及「只有瘋子才會搞台獨」（邱義仁）之類的台獨金句。足證，民進黨高層也明知台獨是自欺欺人。

舉一例。二〇一四年，馬政府時期，施明德與蘇起等七人發布「大一中架構：處理兩岸問題五原則」，主旨在倡議以高於中華民國及中華人民共和國的「大一中架構」來取代中共片面主張的「一中原則」。

七位冠名的倡議者是：施明德、蘇起、程建人、焦仁和、洪奇昌、陳明通、張五岳。

在發布前幾天，吳釗燮也同意冠名參與，卻因碰巧蔡英文突邀他出任民進黨祕書長，施明德以不希望現職黨政人士參與而予婉謝。

在這張藍綠紛呈的名單上，洪奇昌、陳明通、吳釗燮三人，皆自陳水扁政府時代即出任外交及兩岸政務要職，而陳明通及吳釗燮在蔡英文政府更是國安、外交及兩岸的柱梁角色。

他們冠名贊同大一中架構，可見民進黨內的頂層思考中也存有「大一中」的元素；但到了二〇一六年他們再度參與民進黨執政，卻只見陳明通與吳釗燮變身為戰狼，一步一步從「陰陽奇正／表裡虛實」的國安操作，刷油漆把台灣刷到牆角，不給對岸留餘地，也不為自己留餘地，完全喪失了台灣的主體性，將台灣葬送成一隻美國刺蝟。

「大一中架構」蛻生自「大屋頂中國」。此次倡議我自始至終深度參與，如今回想感慨系之。

九年後，施明德說得更清楚：處理兩岸問題應當定錨在中華民國，若持「中華民國滅亡論」，是背離歷史事實與現實的。

「大屋頂中國／大一中架構」是以中華民國為生存戰略，就是「可攻／可守／可進／可退／可戰／可和」。台獨卻是「只能攻／很難守／只能進／無退路／只能戰／

不能和」。

我曾以唐太宗兵法喻中華民國的戰略境界：「以前為後，以後為前。進無速奔，退無遽走。四頭八尾，觸處為首。」

中華民國以「維持現狀」為基準。若從這個中心基準移動，進可上升到「三民主義統一中國」，減一步可主張「統一公投／互統一」，再減一步可主張「一中各表」；另若從這個中心基準退幾步，可以「和平競合」，甚至可退至「華獨」。這就是「四頭八尾／觸處為首」。

但蔡英文、吳釗燮、陳明通之輩走到今日，在東衝西撞後，卻竟然刷油漆把自己刷到牆角，作繭自縛。至於賴清德說「這場選舉是『中南海』和『白宮』的選擇……當台灣總統可以走入白宮，我們所追求的政治目標就已經達成了」，這更不啻是一廂情願地決心使台灣成為一枚「強國的棋子」與一隻「美國刺蝟」的宣誓。這當然已非「四頭八尾」，而是不撞南牆不回頭了。

但是，好像連美國人也聽不懂賴清德在自說自話什麼，傳出國務院要求他解釋。中共駐美大使謝鋒則逕指賴清德是一頭「灰犀牛」。

現今的情勢是：民進黨否定九二共識，把自己困在牆角八年。如今賴清德尤其表現出比蔡英文更否定九二共識的架勢，尚不知他能否當選總統，但他已向全民預告，別指望他會從自刷油漆的牆角走出來，因此也別指望台獨走得出來，更別指望中華民國走得出來。（15 26）

賴清德沒有回答的兩個問題是：

①務實台獨究竟是不是台獨？若是台獨，如何務實？若不是台獨，則為什麼不能清清楚楚給出一個明明白白的中華民國？

②他說：我是務實的台獨工作者，在任何職務上不變。如今你可能成為中華民國總統，請問你這位務實台獨工作者究竟變或不變？

中共說「台獨與和平水火不容」。賴清德的「務實台獨」，如何與中國成為「兄弟之邦」？又如何「和平保台」？賴清德在選舉中若不能解答這個問題，即使當選，他仍不能閃避。

抗中保台失敗　三論四統也失敗

二、關於中共：民進黨近年的兩岸關係操作是失敗的，賴清德從「抗中保台」轉至「和平保台」，即證明「抗中／仇中／恨中」的基調走不下去，因而改圖和平。

相對而言，這幾年，中共的兩岸操作也是失敗的，「三論四統」皆告失敗。

三論是，一國兩制、九二共識，及中華民國已經滅亡論，這三個論述體系皆告失敗。

四統是，和統、武統、買統（惠台讓利）、融統，亦皆失敗。

中共必須先承認其三論四統的失敗，才能在兩岸操作上覓得出路。

先論四統。如前述，尤其在俄烏戰爭後，中共必已警覺面臨「武統有約束／和統無論述」的情勢。不能武統，不能和統。則中共面對的問題，已不是「如何統一」，而是如何維持「兩岸不能統一但也不致決裂的局面」。

一句話說到底，也就是必須考慮如何維持住中華民國，使中華民國在「未統一」的狀態下，不致變質、異化、掏空、流失，不致變成台獨。

此即前文所說，此際正是中共最希望能維持住中華民國的時候。

亦即，中共必須從強調「統一」的「目的論」，轉向強調「和平發展」的「過程論」。

再談三論。中共以「中華民國已經滅亡論」，打壓一中各表，其直接效應就是解構了台灣反台獨的力量，給台獨建立了正當性，使台灣民間充斥「懼統容獨」的氛圍。

台獨有今日氣候，大半原因是中共造就的。因此，台獨是中共的產品。

再說一國兩制。台灣絕大多數人皆反對一國兩制，在台灣已成過街老鼠，還奢言什麼「心靈契合」？

至於九二共識，原本在二〇〇八至二〇一六年間，運作相當良好，二〇一五年的馬習會更可視為「九二共識／一中各表」的顛峰之作，連馬習會夜宴的餐費都是二一添作五，各付各的。

但是，二〇一六年蔡英文就任，中共失去戰略定力，不但打壓台獨，竟想進一步封住「一中各表」，使蔡政府在中華民國亦無出路，這就是形成今日兩岸僵局的主要原因之一，九二共識亦告觸礁擱淺。（13）

當然，蔡政府對九二共識的破滅也有直接的責任，本書亦有另論。

三論四統皆失敗，中共目前須靠日夜軍機軍艦繞台來維持局面，這正是三論四統皆告失敗的明證。

因此，在兩岸操作上，中共也出現轉彎轉型的跡象。在俄烏戰爭的陰影下，中共二十大已將兩岸操作的主調轉向「和平發展」。新任國台辦主任宋濤就職拉開的新篇是「要和平／要發展／要對話／要交流」。轉彎了。（34）

中共為何緊抓不放九二共識

顯然，九二共識仍是化解兩岸問題的關鍵，因此必須先知道中共為何緊抓九二共識不放？

中共抓緊不放九二共識，台灣就繞不過去。

①中共屢稱「九二共識是兩岸定海神針」，且九二共識已幾度列入中共兩會政治文告，因此中共在政治顏面上不可能廢棄「九二共識」。且「九二共識」四字如今已成為中共要民進黨交代「是不是台獨」的度量衡工具，中共若放棄「九二共識」即形同接受了民進黨可以主張台獨，這更絕無可能。

②中共維持九二共識，尤其重要的潛在原因，是因中共確知在九二共識裡存有「一中各表」的機關，這是兩岸藍綠紅三方的共同出口，必須保留。

因為，中共若只為打壓台獨，若只為統一，儘管直說就好，並無任何顧忌，其實不必假託九二共識。但是，九二共識卻是唯一留存「一中各表」的載體，砸了這個洗澡盆，盆中的嬰兒也就斷送了（13）。

由於中共堅持不能繞過九二共識，所以九二共識仍是兩岸必須面對的問題。沒有「九二共識」，就沒有「芝麻開門」。

既然繞不過九二共識，只能各自爭取九二共識的定義權。

中共雖不可能丟棄九二共識，但有可能調整對九二共識的詮釋，且也恐怕非調整不可，也就是再回到「一中各表／求同存異」，這就是轉彎。台灣要爭的也就在此。

移動的步履已經呈現。例如，中共正式宣示，九二共識包含了海基會當年提出的「一中各表／第八方案」。又如，國台辦對馬英九二〇二三年的「一中各表之旅」的評論是：「馬先生此訪，再次證明了九二共識是兩岸關係和平發展的定海神針。」

若略加引申，可說：「九二共識／一中各表」正是兩岸關係和平發展的定海神針。再簡言之，「中華民國」就是兩岸關係和平發展的定海神針。

台獨的「抗中保台」是失敗的，中共的「三論四統」也是失敗的，兩岸應各自並相互尋覓共同的新出路。

台灣應在兩岸關係中規劃出自己的道路

三、**關於美國：**前文稱，台灣面臨的局面是：究竟要以「中華民國」或「務實台獨」對中共攤牌？

美中對抗已成慢性病，只能帶病延年。

美國當然要用台灣，台灣也必然會被美國所用而求援於美國。問題是：美國用台灣，台灣被美用，究竟是要「倚美謀獨」或「倚美謀維持中華民國」？（15）

亦即，相對而言，美國認定的台灣主體，究竟是「中華民國」或「務實台獨」？

對此，美國也面臨了對中共攤牌。

美國的兩岸政策主軸是：反對任何一方片面改變現狀，兩岸政治分歧應和平解決。

此一主軸是「雙重嚇阻」。中共不可武統，台灣不可台獨。（26）所謂「維持現狀」，基本概念可謂就是維持「台灣以中華民國的狀態存在」的現狀。這在台美中三方其實有交集。

但是，自川普至拜登以來，美方的激進派將台灣「關島化／烏克蘭化」的分貝漸高，加上民進黨的舔美不斷突破底線，台美之間「倚美謀獨」的跡象亦日益凸顯。

美國認為，「務實台獨」對美國更忠貞，因此較「中華民國」更便於利用；而民進黨為迎合美國，亦以「務實台獨」來爭取美國的青睞。因而，美國也從「不支持台獨／反對任何一方片面改變現狀」，漸漸縱容甚至暗助民進黨的「務實台獨」。這就成了美國的說一套、做一套（26）。

雖然如此，美國的兩岸政策顯然仍在擺盪之中。

美中的「對抗」不斷升級，但美國仍不斷強調只是「競爭」。一度曾是關鍵詞的「脫鉤」，也改為「去風險化」。簡言之，在和戰之間，美國並非只有「終須一戰」的決志，而是也有「和平發展」的圖謀。

美國與民進黨演出的若是「倚美謀獨」，那將使台灣陷於「終須一戰」的境地，也使美國自己難以脫身。何況，美國若因政黨輪替或其他因素，突又側重美中「和平發展」的路線，則台灣的「倚美謀獨」一旦失怙，就會陷於「被放鴿子的烏克蘭」的絕境，台灣不是沒有被美國放過鴿子。

美國的國策必定是以美中關係為主體，美台關係只是其操作美中關係的工具與籌碼。台灣不能在「倚美謀獨」的幻想中迷失自我，而必須知道，美國走的是「可戰可和／和戰兩手」的路徑，因此台灣絕不能走上「只能戰不能和」的台獨絕路，一路走到黑。

美國面對的中國，與台灣面對的中國，是完全不一樣的中國。因此台灣的兩岸政策必須與美國的兩岸政策做出區隔，建立起台灣的主體性。（24）

德國總理蕭茲說，德方反對任何形式的脫鉤，去風險化不是去中國化。但現屆民進黨政府卻似乎認為，只要做一隻美國刺蝟，就可在這個地球上「去中國化」。

法國總統馬克宏則說，我們是美國的盟友，不是附庸。民進黨應當複誦此語。

在美國主戰派、激進派不斷引誘台灣之際，美國仍有一些勸說台灣要冷靜、不要迷失自我的諍言。美國在台協會台北辦事處處長孫曉雅的一些談話，殊可珍惜。

她說：台灣應該在兩岸關係中規劃出自己的道路。

她說：美中台關係不是零和賽局。美國正在尋求更多與中國大陸的對話與交流，「我們當然不會阻止其他人（包括台灣）想要這麼做（對話與交流）的意願」，美方歡迎台灣的總統參選人與中國大陸官員有更密切的接觸。

她說：這個（台海）現狀，在過去四十年到五十年裡，已促進中國大陸和台灣以及該地區其他地方的和平與繁榮。

孫曉雅並說：反美和疑美不同，保護異議（疑美論）是言論自由的精神。但賴清德反對疑美論。

若引申孫曉雅的看法，她所說的維持現狀及反零和賽局，應當是「中華民國現狀論」的色調比「倚美謀獨零和論」來得濃重。

我私下想，美國官員如孫曉雅等在面對吳釗燮等台灣官員時，一方面固然喜歡他們的馴服，另一面會不會覺得他們真是「台灣的汪精衛」，心裡會不會不由自主地生出一種輕蔑。

抗日戰爭期間，寧漢分裂，汪精衛在南京成立另一個中華民國國民政府，對國旗的認同出現爭議，後決定仍維持青天白日滿地紅國旗，但在旗幟上端加一黃底三角旗，上註「和平／反共／建國」六字，以與遷赴陪都重慶的中華民國政府本尊做出區隔。

據此，今日民進黨借殼的中華民國政府，亦可在中華民國青天白日滿地紅的國旗上，加一三角旗，上註「務實台獨」，此即「台灣的汪精衛」。

我認為，美國的兩岸政策理當回到如孫曉雅所說。亦即，以「中華民國現狀」來維持大局，這對美國、對中共、對台灣，皆是可攻可守、可進可退的「非零和賽局」，成本最低，風險最小，和平的效果最大。反之，若是「倚美謀獨」，被倚的美，倚美的獨，皆成「麻煩製造者」，必將陷入「非零和賽局」，不堪收拾。

因此，我認為，美國也應當更加表明「不支持台獨」的立場，用「中華民國／維持現狀」向中共攤牌。

前文說，維持現狀就是「維持台灣以中華民國的狀態存在的現狀」，在台美中三方存有交集。因此，用「中華民國」攤牌，其實就是用「現狀」攤牌。這並不是強人所難，只是順理成章。

其實，美國原本一貫如此。只是不要說一套，做一套。

民進黨要死守　國民黨應死攻

四、關於非綠陣營：如前所述，賴清德迄今呈現的兩岸論述，可謂是一個「殼獨／華獨／法獨／中華民國」的大雜燴。例如：

殼獨：台灣是一個主權獨立的國家，不必再宣布獨立。華獨：中華民國新生論。

法獨：兩岸關係是國際關係、台灣與中國互不相屬。中華民國：中華民國是台灣的最大公約數，反共不反中。

賴清德的此一兩岸政策架構，呈現了一目了然的內在矛盾。這個大雜燴，可以歸結為一句話：「我是一個務實的台獨工作者，在任何職務上不變。」

相對以觀，非綠陣營，國民黨方面，侯友宜提出的兩岸政策主軸有三個主要元素：

①反一國兩制（潛台詞是反「一個中國就是中華人民共和國」、反共產專政）。②反台獨（潛台詞是「反共不反中」）。③維護中華民國與中華民國憲法（與法獨、殼獨、華獨做出了區隔）。

在此一政策主軸下，侯友宜的兩岸論述漸次展開，建構出「杯水論」、「中華民國憲法是兩岸關係最高指引，也是九二共識基本詮釋」、「我接受合乎中華民國憲法的九二共識，反對一國兩制的九二共識，也反對被蔡英文汙名化的九二共識」、「想要西邊穩／不能拒溝通」、「Democracy深化民主／Defense強化國防／Defrost降低敵意」、「四大堅持：對中華民國及中華民國憲法的堅持／對自由民主的堅持／對民生福祉的堅持／對兩岸關係和平穩定的堅持」、「要止戰境外／勿引戰境內」、「不做強國棋子」、「不統／不獨／不武」等主要概念。

以賴清德與侯友宜迄今為止各自呈現的兩岸論述相對照，可謂已使此次大選，成了《中華民國憲法》與《台灣前途決議文》的對決，也成了「中華民國」與「務實台獨」的對決。這是過去歷次大選未見的攤牌狀態。

賴清德主張「以務實台獨，和平保台獨」，侯友宜則主張「以中華民國，和平保中華民國」。

照理說，這種緊繃的攤牌狀態，應當有益於辯論的破底與深入。但在實際上，賴清德的主體論述「務實台獨」雖有嚴重的自相矛盾，卻似完全未感受到對手攻擊的力道；而侯友宜方面，雖似也好像出了幾拳，但都像單發的炮仗，響一聲就熄了火，破碎化、零星化，未見發生架構化、系統性的攻擊效應。

即以九二共識而言，這個戰場是賴清德死守之地。守住了，他的兩岸政策就過了關；守不住，他的兩岸論述就可能崩盤。

相對而言，國民黨若放棄九二共識，就等同於證明民進黨的兩岸政策是正確的。只要國民黨拿香跟拜，就徹底覆敗。

尤其，九二共識不僅攸關選戰期間的攻防，也是決定選後兩岸是否能夠重啟和平發展的鑰匙。

沒有「九二共識」，就沒有「芝麻開門」。選民必須決定，選後是否仍要把兩岸困死在「九二共識」之內。

賴清德死守，國民黨就應當死攻。若守不住九二共識，國民黨就站不住；但只要攻下九二共識，就可能翻盤。

何況，在賴清德拚死反對下，九二共識反而已成了國民黨獨家掌握的打開兩岸僵局之鑰。國民黨若非要丟掉這把獨家的鑰匙，有何道理？

但是，這卻是國民黨令人莫名其妙之處。有相當長時間，九二共識幾乎成了國民黨內的禁忌，口口聲聲「九二共識已經嚴重汙名化了」，避之唯恐不及。有人主張別再提「九二共識」，有人主張不再提「一中各表」；至此，過去主張「以一中各表維持九二共識」的立場竟告動搖。

由於早期階段的猶豫蹉跎，侯友宜在兩岸論述上遂失去了先機。待回過頭來，似已噬臍莫及。

其實，此次大選，國民黨及侯友宜決定以中華民國及中華民國憲法為主軸，而中華民國憲法就是「憲法一中／一國兩區／一中各表」的憲法，既是如此，則為何不能早早旗幟鮮明地堅持「一中各表的九二共識」？

只要主張「沒有一中各表就沒有九二共識」即可。

倘若國民黨能將「中華民國憲法是兩岸關係的最高指引／中華民國憲法是九二共識的基本詮釋」，加以架構化、系統化地發展開來，就很有機會一搏：究竟是賴清德能死守得逞，還是國民黨能死攻取勝。

在「三腳督」的選情下，國民黨其實不必奢望說服台獨，但若是只要努力說服「非獨」的選民，應當會有挽回「九二共識」的機會。

其實，國民黨的兩岸主張應當就是：台獨要消滅中華民國，中共也要消滅中華民國，唯有國民黨主張不可消滅中華民國。這個想法，國民黨或許不能用為公開的選舉語言，但從拐彎抹角的語意呈現出來訴諸選民卻不無可能。但國民黨不敢如此，國民黨也無能如此。

在此說一插曲。侯友宜方面曾引用我的「杯子理論」：中華民國是杯，台灣是水；（杯在水在，）杯破水覆。引發一些評議。

竟也有國民黨內的人士說，這「杯水論」形同是民進黨的「兩國論」，因為這個杯子看不到中國大陸的存在。但是，既稱中華民國是杯，此杯的主架構是中華民國憲法，則「中國大陸」當然也存在於杯子裡，亦即兩岸關係已存在於中華民國憲法之中。由此亦可見九二共識在國民黨內的錯亂。

談到非綠陣營，當然包含柯文哲與民眾黨。迄今，選季歷次的民意調查一概顯示，藍加白的支持度，大於綠的支持度。足證此次大選確實存有「下架民進黨」或「討厭民進黨」的氛圍。

藍白的棄保效應不斷升溫發酵，但雙方似皆相當僵持，看趨勢若不能全棄全保，或出現「藍白合／藍白配／白藍配」的成功操作，則賴清德就大有勝出的機會。

柯文哲的兩岸論述是機會主義。他迄今的主軸只是「台灣自主／兩岸和平」及「五個互相」，可謂空空如也；若再加上「兩岸一家親」，也僅在標榜比「兩岸一家仇」好。他的中心政治理念，不在奢求「最大公約數」，而在維持各方的「最大忍受數」。

他評論九二共識稱：「內容比標題重要」、「一直到現在，沒看過中共官方很清楚地定義九二共識……就像叫我買東西，不告訴我那個東西是什麼，就要我掏錢……如果當選總統，我打算向中國詢問這個定義。」

顯然，他未將「九二共識」與「一國兩制」掛鉤，以此與民進黨做出區隔，也為自己與北京間互留了餘地。

他談一國兩制說，如果是目前的香港模式，那台灣人不會接受。但他說，他（對一國兩制）不會拒絕或斷然表示不同意。這也在與民進黨或國民黨做出區隔。

柯文哲所反映的是有些選民對長期陷於藍綠統獨糾纏而感到厭惡的民意，他要利用「反藍綠建制」的民意，因此以「政治疏離」替代「政治主張」。在此種策略下建構的兩岸論述，橫看更開放，側看卻是更空泛。反映了情緒，但未建立實錘的政策。

賴清德演諸葛亮　侯友宜演司馬懿

綜上所論，這本是一場各方應當就兩岸政策攤牌的總統大選，但相關辯論卻只是悶燒，未見破底深入。所以，兩岸政策也有可能不會成為影響此次大選勝敗的主要因素。例如：

一、這是歷屆選舉中政策賄選最囂張無恥的一次大選。民進黨政府假借各種名目，以遠逾千億元的公帑大撒幣進行賄選買票。如補助私校大學學費每人每年三萬五千元、高中職學費全免、擴大房租及房貸補貼，甚至玩「成年禮金」的花樣，連高屏TPASS通勤月票九九九元搭到飽也由賴清德、陳建仁連袂宣布啟動。不一而足，尚不僅此。選舉年，明年起或回溯至今年七月起，對軍公教月薪、警察勤務加給、消防民防空勤加給、公立高教研究加給、義務役月薪、補助民間社工人員起薪，天女散花大加薪。這些標靶性的賄選至少精確對準一五％以上的選票，割「侯」割到斷，即與兩岸政策無關。

二、邊緣議題的操作，也可能較兩岸政策更能影響投票。例如新北市發生的「餵藥案」，其實與過去選舉民進黨操弄的錄音帶案、走路工案、兩顆子彈及王立強案，可謂皆是如出一轍、異曲同工。餵藥案因當局「蓋牌」而在一夕間爆發，最後雖證實是烏龍，但社會的刻板印象已經形成，這也與兩岸政策無關。

三、選戰之所以叫做選戰，當然決定於雙方戰鬥力的高下。以前述九二共識的「戰鬥」來說，依我看來，賴清德並無一定守得住的道理，侯友宜也沒有一定攻不下的道理。實情卻是，竟形成今日像是賴演城上撫琴諸葛亮、侯演城下狐疑司馬懿的「空城計」，甚至好像「九二共識」根本不是話題，真是不可思議。這就涉及雙方的戰鬥力，也已與「九二共識」的是非無關了。

何況，侯友宜團隊迄今除了在兩岸議題的操作出奇低劣，連「和平vs.戰爭」的主題都打得有氣無力，在其他議題至今也乏善可陳，皆是戰鬥力的問題。

尤其，以國民黨為主體的藍營迄至今年八月仍四分五裂，簡直已是顛覆人性的奇蹟，也已與兩岸政策無關了。

必須思考的是，這次大選的勝敗，倘若不是判定在兩岸政策的是非對錯，而是決定於政策賄選、選舉技術操作及作戰能量差異，這將是台灣重大危機。尤其，民進黨若因這類伎倆勝選，而竟解釋為其兩岸政策的成功，那更是自欺欺人了。

兩岸關係畢竟仍是台灣吉凶利害的主軸，這場大選不論是誰勝選執政，他都必須直面中國大陸。

中共用台獨困死逼死台獨

以下試論此次大選結果，對未來兩岸關係的可能影響：

至本書截稿，賴清德尚未改變其「務實台獨和平保台論」，亦未調整其「堅決反對九二共識」的立場，且未複誦蔡英文「依據中華民國憲法處理兩岸事務」的論述。這是他對中共的攤牌。

如果他當選，中共可能面臨兩種選擇。①中共吞了下去，證實「務實台獨」可以「和平保台獨」，賴清德即使繼續否定九二共識也沒問題。②中共不接受「務實台獨」可以「和平保台獨」，仍堅持九二共識是兩岸關係和平發展的定海神針。

中共若選擇①，務實台獨在台灣的地位將更加鞏固，九二共識則更淪政治笑柄。但若中共選擇了②，則中共對民進黨或許只有一種對策：

亦即，逆向操作，強硬堅持不接受九二共識就沒有和平發展，將賴清德鎖死在「務實台獨」之中，而「務實台獨」在本質上是一種「內殺型台獨」，最終可能對台灣由政治自囚、政治內耗逼向政治自殺。在這種過程中，中共將以各種手段為「務實台獨」的自殺進行加工自殺，最後亦可能發動反台獨反分裂的戰爭。

從中長程看，「務實台獨」究竟是「和平保台獨」的憑藉？或反而可能成為中共用以逼民進黨自陷「台獨囚徒」的困境，拖垮台灣、逼台灣走向自囚內耗自殺的武器？

亦即，中共可以用台獨困死逼死台獨。這是賴清德及民進黨應當三思的課題。

至於若是侯友宜勝選，或許兩岸關係可能從「九二共識／一中各表／求同存異」重新出發。雙方應深刻記取過去八年的傷痛，療傷止痛，切莫重蹈覆轍。藍紅應當攤牌：「定錨中華民國／共構和平競合」。

問題卻在，屆時敗選的民進黨將如何回應？一、可以反省，知道「務實台獨」亦不可行，走向更加去獨化的兩岸論述。但此一可能性不大。二、變本加厲，回縮到更極端的台獨論述，以保全基本盤，各種所謂的「社運團體」亦大復活，再度上演「內殺型台獨／內殺型社運」的野台戲。這種可能性較大。

至於若是柯文哲一組當選，倘能對「九二共識如何定義」找到雙方皆能接受的解方，可能也就「頭過身就過」了。

中共不會挑剔柯文哲的兩岸政策，柯的兩岸政策迄今仍是填空題。柯的難題是在「聯合政府」，國政大事畢竟不能買空賣空。

胖子裡的瘦子仍是胖子

回頭來談「務實台獨」。務實台獨是不是台獨？務實台獨，仍是台獨。胖子裡的瘦子，仍是胖子。

二〇一七年，賴清德出任行政院長之際，他說：「我是一個務實台獨工作者，在任何職務上不變。」

但他自參選總統後，未再提「我是務實台獨工作者」，也未再表示變或不變。

賴清德當年說出這句豪語時，他已是即將出任行政院長的頂層政治人物，竟然會說出這種無大局意識、無遠見而必將作繭自縛的渾話，足徵其淺薄與偏執的程度，不同凡響。

事後看來，這句話是要為他後來與蔡英文競逐民進黨二〇二〇年總統候選人做的鋪墊，先籠絡獨派的支持再說，足證其視野的淺短。而後來他在黨內初選敗於蔡英文，又可見其對大局瞻視的錯誤及無自知之明。至於他因台南市議會賄選案，二三二天未赴議會，亦見其想將自己塑造成超越體制的人物，但在如今面對同一個台南市議會的賄選及光電醜聞卻又自己打臉雙標。

這是一個水仙花式的人物，只是顧影自盼，不看左右，不顧前後。他若當選總統，在各種修為上確有極大的進步空間。

所謂「務實台獨」，賴清德的邏輯是：我主張務實台獨，要與中國成為「兄弟之邦」，所以我能「和平保台」。

在台灣政治史上，迄今尚未見過如此自相矛盾的頂層政治論述，賴清德是第一人（14）。

不看左右，不顧前後，只是顧影自盼。這是否「務實」？

賴清德儼然以「台獨金孫」的封號沾沾自喜，卻似渾然不知這個封號的四個字其實是「作繭自縛」，不易「金蟬脫殼」。

賴清德對九二共識的立場亦是如此。民進黨迄今從未公開否定過「一中各表」，只說「九二共識沒有一中各表／沒有中華民國存在的空間」，所以反對九二共識。在此狀態下，民進黨似乎仍在與中共爭執九二共識的定義權問題。（13）

但是，賴清德卻堅持：九二共識就是一國兩制，一中原則就是中華人民共和國。此時的賴清德，在這些立場上顯得比中共還要頑固堅強。

他不但沒有絲毫的興趣與中共抗爭，力主「一中各表的九二共識」，及「一中不是中華人民共和國／必須建立在一中各表上」。而且，即使中共已在轉彎，賴清德也禁止中共轉彎。

賴清德不但不給台灣轉彎的機會，也不給中共轉彎的機會。

不看左右，不看前後，只是自說自話。

同理，賴清德的「希望與習近平共進晚餐」及「台灣總統走入白宮」，是否「務實」？

「中華」被掏空　「民國」毀民主

經蔡英文政府執政八年，台灣現今呈現的狀態是：中華民國，「中華」被掏空，「民國」毀民主。（15）

台獨做為一種意識形態或政治思想，確有可以同情共情之處，但台獨絕無可能做為台灣的國家生存戰略。

台獨有兩種。一種是「內殺型台獨」，就是要顛覆或掏空中華民國，又以撕裂台灣來操作選舉，並用「誰比較獨」做為民進黨內部派系鬥爭的工具。

一種是「外擊型台獨」，就是要對抗中華人民共和國，及抵抗國際上的「一中政策」。

賴清德的台獨，仍是內殺型台獨。

賴清德從「抗中保台」轉向「和平保台」，即可證明了「外擊型台獨」的失敗，但他仍緊抱不放「內殺型台獨」。

內殺型台獨，就是「掏空中華」的台獨，此為至明之理，前文敘論已多，不贅。

內殺型台獨，也是「毀滅民國／毀滅民主」的台獨，可以一論。

現屆民進黨政府是解嚴後民主法治倒退最嚴重的政權。觸目所及，分贓、標案、腐敗、貪汙、東廠、枉法、失能、黑金、雙標、網軍、側翼、綠能你不能，及大撒幣政策賄選等等，皆是無法無天無民主無民國。（15）

今年七月十六日，太陽花人物黃國昌與網紅館長陳之漢發動「公平正義救台灣」群眾集會。黃國昌的台獨意識可能較蔡英文、賴清德更樸素真實，但主張台獨，更應堅持民主、法治、廉能等基本政治操守，不能淪為一個主張台獨的骯髒政府。

諷刺的是，當天有獨派團體在場外抗議。陳之漢在大太陽下率群眾向總統府高喊：「我們不是中共同路人。」「我們都是正港的台灣人，不是只有民進黨才是台灣人。」令人動容，發人省思。

亦即：台獨也要民主法治，台獨更要民主法治。即使「不中華」，也不能「不民國」。

但是，「民主」不能實現台獨，否則只要舉行台獨公投就能實現台獨，而民進黨不敢舉行台獨公投。

務實台獨不敢走「正名／制憲／公投」的民主路徑，繞以矇騙人民、裹脅民眾，溫水煮青蛙、狸貓換太子的手法，想拐帶著台灣像夢遊一般糊里糊塗地進入台獨。

過去很長一段時期，台灣幾乎籠罩在「台獨就是民主／民主就是台獨」的氛圍中。其實，台獨是假民主，更是毀民主。

中共的自我救贖是本書最大至高的關注

接著，從中共的內外情境，談中共的自我救贖與兩岸政策的因果關聯。

今年六月，美國總統拜登在募款餐會上稱習近平為dictator，中文傳媒皆譯作「獨裁者」，引發北京強烈反應。

中國外交部發言人毛寧稱，「（獨裁者的用語）極其荒謬，嚴重侵犯中方政治尊嚴」，「中方對此強烈不滿，堅決反對」。

其實，在中共的政治詞彙中，無產階級專政（dictatorship of the proletariat），及人民民主專政（people's democratic dictatorship），皆是偉大光明正確的政治符號，在中共政治論述中皆是主心骨。

只是，dictatorship本譯為「獨裁」，當年譯者卻美化改譯為「專政」，好像專政就不是獨裁了。

倘是如此，中共既反對習近平被稱為「獨裁者」，大可將中譯改為「專政者」，回到了「無產階級專政」、「人民民主專政」的意境，難道習近平就能欣然接受了嗎？

專政只是比獨裁好聽，但有何不同？

這當然不只是中文譯法的問題，而是牽涉到中共的本性與本質的問題。

一句「獨裁者」的波瀾，觸動中共的軟肋。正在崛起的中共必須思考，是否決定將永遠以一個獨裁者或專政者的定位，面對自己，面對中國，面對兩岸，面對世界，及面對人類文明？

這是本書最大至高的關注。

因此，本書有較大的篇幅用於討論「中國方案」、「全球文明倡議」、「中華民族偉大復興」等課題。（見第四部）

中共的自我救贖必須先於民族偉大復興

我對中國的前景有兩個基本看法。

①我不太相信中國崩潰論。我認為，即使中國的崛起必經周折，但中國勢將崛起，且其實是已經崛起。

②我認為，中共不容易垮台。事實上，在政府數位治理的技能愈來愈趨精密之下，中共的治理地位將愈來愈不容易推翻。我稱此是「暴政不亡論」，不同於往昔所說「暴政必亡論」。（43）

因此，世界面對中國的崛起，應當引導中國在價值目標及性質內涵的優化與民主化，而不能想像以解構中國或推翻中共為目標。倘若由美國領導的西方對中國及中共以高度敵對的方法阻滯其崛起，或能延遲其崛起的速度，但也將愈加供應中共對內更加提升專政統治的正當性，而這將使中共在專政體制上更加不願回頭及不能回頭，中國也更將長期成為一黨專政的專制強國。

中國國內並非沒有追求民主化的民情與民意，但國際對中共的壓迫，已成為中共升高專政統治的藉口。民族主義凌駕了民主追求。

因此，若希望中共能改變，主要仍須寄望中共統治圈的自省及民意的催迫壓力。雖然這些因素顯得相當微弱，但從長遠來看，這卻可能是唯一可以寄望的因素。

中國勢將崛起，在瀕臨世界顛峰之處，中共應當想到的是崛起的中國如何才能匹配人類文明的期待，這是中共自省及自我救贖的課題。

中共的自我救贖必須先於中華民族的偉大復興。中共得到救贖，民族始能復興；中共不得救贖，民族復興也必落空。

當然，中共的自我救贖也應當先於兩岸問題的終局解決。中共若不能完成自我救贖，對台灣及國際來說，就很難具有解決兩岸問題的說服力與正當性。

中共常言，「平等協商／共議統一」，又期待台方提出「台灣方案」。然而，如果連「中華民國」四個字都不准面對面提出，那是什麼「平等協商」？又能有什麼「台灣方案」？豈不是自欺欺人？

本文主張兩岸應以「中華民國」相互攤牌，即是此理。這才是天公地道的「平等」。

自由是人性的本質　民主是文明的方向

中共自我救贖，我的基本思路是：中共應當繼續循著「中國特色的社會主義」走下去，不能回過頭去搞什麼「馬克思主義基本原理」。

馬克思主義有五大基本原理。消滅私有制、暴力革命、階級鬥爭、無產階級專政，及國家死滅論。中共若以此為黨國的脊梁，如何匹配人類文明對中國的寄望？又如何不使國際對中國的崛起滋生疑懼？

最重要的是，中共以「馬克思主義基本原理」永遠綁死了中國，如何報答中國人對中華民族偉大復興的憧憬？

二〇二二年五月，上海動態清零，一對年輕夫婦與大白警察發生爭執。警察說：「如果你抗拒，將影響你的三代。」一年輕夫婦回答：「我們就是最後一代，謝謝。」

這一段對話，十足反映了執法者的不知恥，也反映了人民無底線的屈辱無奈。

中共若欲永久維持這種低民主、低人權的治理狀態，把整個社會「格子化」，把世世代代所有中國人「甕嬰化」，請問什麼叫做中華民族的偉大復興？

難道這就是習近平向世界標榜的「中國方案」？難道這就是習近平向世界標榜的

「全球文明倡議」？（48）

畢竟，自由是人性的本質，民主是文明的方向。一黨專政確有治理上的便利，但終究違反人性、違反文明。

中共即使目前不能實現民主自由，但也不能現在就以「馬克思主義基本原理」封死了中國未來的自由民主之路。現在不行，但以後也不行嗎？

習近平推倡「全球文明倡議」，主張「文明多樣性」，說是「一花獨放不是春／百花齊放滿園春」。但為何中共不能也給中國人的政治生活開放一些「多樣性」，如今中國的大花園裡僅有中共一花獨放，其餘只見一張張A4白紙（44 48）。

中國如今連一部建立在公民契約上的國家憲法都沒有，有何面目夸夸其談什麼「全過程民主」？何況，如今連越南在民主化的進程在有些方面，也較中共先進，但中共至今連「公務員公布財產」的體制都未建立。這是中共之恥，也是中國之恥。

今年七月，北京發布的消息稱，習近平向中青幹部說：「如果我們培養出來的人都不信奉馬克思主義、共產主義了，不舉中國特色社會主義這面旗了，就會發生東歐巨變、蘇共垮台、蘇聯解體那種『故國不堪回首月明中』的悲劇！」

習近平的這一番感慨顯示：一、確有「我們培養出來的人」，不信馬克思主義、共產主義，不舉這面旗。二、前文論及，「馬克思主義的五大基本原理」，如消滅私有制、無產階級專政等，究竟還有哪一項「基本原理」可以信？應該信？三、中國特色社會主義，難道就是「馬克思主義基本原理」？四、蘇聯正因未能從「馬克思主義基本原理」上成功地「改革開放」出來，始至垮台解體，習近平難道認為蘇聯是因不夠「馬克思主義基本原理」而淪亡？

蘇聯因深陷「馬克思主義基本原理」而亡，中國則是因鄧小平一輩領導改革開放，脫離了「馬克思主義基本原理」而復活。難道習近平是生死不分？

天安門事件血淚對中共有大恩大德

一九八九年天安門事件，群眾的口號止於「反官倒／要言論自由」的層次，可謂仍瑟縮在體制內改革的範圍內。但在近兩年的群體事件中，已出現如四通橋橫幅「不要領袖要選票」的訴求，在其他群眾場合也聽到「共產黨下台／習近平下台」「打倒反動政府」的聲音，這些皆超越了天安門事件。

中共一直坐在這座火山口上。中共的「專制紅利」漸將不能勾兑抵償「民主負債」。這座火山不能再用「馬克思主義基本原理」來摀住，而應當用「中國特色社會主義」來逐漸釋放並轉化其能量。

我深信：促成中共數十年改革開放臻至今日亮麗成果的主要因素，不全是鄧小平一九九二年的南巡講話，而更是緣自八九天安門民運的血淚呼喚。天安門事件的血淚對中共的改革開放是有大恩大德的，這就是民情民力的能量釋放與轉化的效應。（42）

中共應當揚棄「馬克思主義基本原理」，回到自己心血淬煉的「中國特色社會主義」。

因為，中國特色社會主義有如一個開口的大袋子，什麼東西都能掏出掏進，進出自如，就能與時推移，與時俱進，它甚至可以容納馬克思或毛澤東的碎片，但不受馬毛的捆綁，因此大於馬毛，高於馬毛。

確立「中國特色社會主義」是大於並高於馬克思毛澤東的「上位概念」，這應是中共自我救贖的第一課題。

本書第四部專注討論此一問題，請讀者評閱。

中華民族應當維護中華民國

兩岸問題，已不是「國共內戰問題」，亦不僅是「統獨分歧問題」，也不只是「地緣政治問題」。

兩岸問題現今已拔升至「全球文明問題」的高度。

一個小小的台灣，經過七十餘年的崎嶇演化，如今已成為中國五千年歷史首見的民主政體；而中國大陸亦經七十餘年的坎坷激盪，如今儼然已成世界頂級的專政大國與強國。

台灣有台灣的優秀，中國大陸也有諸多亮點。雙方主要的差異，是在台灣是民主體制，中國大陸則是一黨專政。

中共不能永遠坐在「民主赤字」的火山口上執政，中華民國的民主體制已然成為重要的兩岸對照。

前文說，自由是人性的本質，民主是文明的方向。中國大陸今日的成就已是為山九仞，期待能再添自由民主的一簣之功，那便是中共的自我救贖，更是中華民族的偉大復興。台灣的珍貴是在體現了自由民主，而中華民國對「中國」的最重大意義，即在實現了五千年中國的唯一民主政體，亦以「兩岸民主燈塔」的地位，為整個中華民族保存了自由民主的種子。

這樣的「小而民主／大又專制」的兩岸對照，應是古今僅見之例，若能相激相盪，共建一個又強大又有相當民主自由的「大屋頂中國」，這將是「為人類文明建立典範／為兩岸人民創造救贖」的亙古奇蹟，兩岸應協力共赴。

因此，中共或許想消滅中華民國，但中華民族應當維護中華民國。

所以，兩岸問題高於「國共內戰／統獨分歧／地緣政治」，實為一個攸關中華民族的文明議題，也是一個攸關全球文明的議題。

中共應以此一高度來看兩岸問題，不應弱肉強食；台灣則應體認中華民國的民主體制在兩岸關係上的珍貴位置，以更高的自信與自尊來面對中國，面對人類文明。

希望中共逐漸脫離「馬克思主義基本原理」及「毛澤東思想」，中華民國則應增加「以三民主義充實中華民族偉大復興」的自尊與自信。因為，中華民國，愈「中華」，「民國」愈有力量。

（38）兩岸共同從現在封底的「大地板中國」，邁向未來不封頂的「大屋頂中國」。

我認為，中共比台灣強大，因此中共對兩岸關係應負的責任也應當更大。若中共能正確回饋世界對中國崛起的期待，準確報答世世代代中國人對自由民主的寄望，也就自然可以在台灣贏得「心靈契合」。

中共的自我救贖，應當先於中華民族的偉大復興，亦先於兩岸心靈契合的終局解決。

常看我文章的一些朋友說：黃年是在對中共說話，對中國說話。是的。此一思路，我在《希望習近平看到此書》（二〇二一／天下文化）一書中，呈現了較完整的脈絡。

兩岸政策失求諸野

張亞中教授賜序是本書的榮寵。

亞中兄是一位學識與實踐雙修的公共知識份子。學識：他在世局與兩岸的知識創作上，高屋建瓴，成一家言。實踐：他縱橫奔走兩岸政壇學界，放洋演說，甚且走上街頭推倡政治主張，並在二〇二一年競選國民黨黨主席，又宣布參與國民黨二〇二四年總統候選人初選（後來初選被「沒收」了）。

張亞中的政治活動或許見仁見智，但讀者應皆同意，他對兩岸關係的高深見識具有振聾發聵的巨大能量。

我請亞中兄作序，不是要一篇捧場文章。我告訴他，是希望讀者能夠看到一個充實此書並超越此書的張亞中兩岸觀點。如今，讀者看到了他的表述。

照理說，兩岸互動，雙邊的政府及政黨必須各有一套「宏觀架構」。訴諸世界，訴諸兩岸人民。

中共的「一國兩制／和平統一」及「新時代解決台灣問題總體方略」，皆鋪陳了相當的細節。台灣方面，台獨路線則有《台獨黨綱》、《台灣前途決議文》等，亦呈現了一個架構。唯獨「中華民國路線」方面，自一九九一年的《國家統一綱領》擱淺以後，已無相對方案可言。

《國統綱領》的擱淺，加上三十多年來內外情勢丕變，使得很難寄望台灣官方再提出一個兩岸互動的宏觀架構。相對而言，即使台灣民間立足於中華民國路線者可能仍略占優勢民意，但數十年來亦罕見民間人士提出一個出自中華民國思考的兩岸宏觀架構。

當然，也曾出現一些民間觀點。如「邦聯」、「歐盟模式」、「一國兩府」等，但大多僅是點到為止，片斷、破碎，不能成為一個體用兼備的「宏觀架構」。

其間，前文提到的施明德、蘇起等藍綠菁英共同倡議的「大一中架構」，可謂是台灣民間數十年來唯一的一次合作試探，當然是一「宏觀架構」，但可惜幾乎就在開完記者會後就化作泡影，可見這條路線的困難。

如此，遂使得在兩岸話語權上，中共與台獨以「中華民國已經滅亡論」為基底的論述較為張揚凸顯，而立足於中華民國的論述卻幾乎一直在內外皆處於被動挨打的地位，甚至幾乎不能立足。

大勢所趨，台灣未來的可能走向是：㈠被台獨操弄。㈡被中共宰制。㈢被美國擺布（或者在三者之間糾纏）。以上三者皆主要操在政治部門。

但台灣仍有第四個可能的走向，那就是：㈣回到中華民國。

這個立足於中華民國的走向卻非前述三個政治部門（台獨／中共／美國）的選擇，其唯一存在的機會就是必須在台灣民間建立支撐並影響前述政治部門。

禮失求諸野。如前文說，既然政治部門的兩岸政策皆陷失敗，我們能不能求諸於民間、求諸野？這即是我請亞中兄現身說法的原因。

亞中兄以「一中三憲」為主體的兩岸思維，不是點到為止，而是一個覆蓋了憲法、歷史、學理、現實與文明的宏觀架構。

亞中教授在序文中對「大屋頂中國」與「一中三憲」兩個架構做了異同的比較。我希望讀者更能注意他提出的相異之處，足可以補充本書並超越本書。

我們有交集之處，卻亦有未盡相同之處。我們使用的語彙概念不同，但二人的思維取向可說是相同的，亦即嘗試探索「立足於中華民國的兩岸宏觀架構」。

我的「大屋頂中國」，強調的是「思路」及「心態」，亞中兄的「一中三憲」則指出了「方法」及「法制」。我較關注「一中各表（一中兩憲）」的「過程論」，亞中則比較注目「一中同表（第三憲）」的「目的論」。但我們也許共同認為，沒有「一中兩憲」的「存量」，即無「一中三憲」的「增量」。

我認為，只要有人願意用心用力為「立足於中華民國的兩岸宏觀架構」進行思考及建構，這些異同都是必然存在也是應當存在的，皆十分值得珍惜。

因為，如高希均教授說，台灣現今的情勢已是「人在禍中不知禍」。台灣可能被台獨操弄、被中共宰制，或被美國擺布，或糾纏於三者之中，但台灣卻迄未建構起一套「立足於中華民國的台灣方案」。這真是像黑色笑話一般的大悲劇。

亞中兄對我諸多溢美，愧不敢當。但我說了，我不是請他寫捧場文章，我更希望他能在此呈現一個精彩高遠的張亞中，讀者已經看到。

其實，「一中三憲／大屋頂中國」並非政治熱議，但我認為，這正是台灣「人在禍中不知禍」的鮮明表徵，台灣的問題也許正在於這類「立足於中華民國的台灣方案」幾乎沒有什麼人討論，是因沒有能力討論，是因沒有信心討論，更是因認命而冷漠而根本不屑、不想討論。

這種窒息性的冷漠，是台灣的自殺，是中華民國的自殺。是否發生雪崩，每一片雪花都有責任。這正是我強調兩岸方向要依靠台灣民間支撐的道理。亞中兄與我，也是一片雪花。

再向為兩岸嘔心瀝血、摩頂放踵的亞中教授道謝並致敬。

人格的自由與自由的新聞

張作錦先生是台灣幾代媒體人的典範，我原想請他賜序。九十一歲的張作老謙說，可談談我們近半世紀的交誼與工作，寫了一篇跋。謝謝作老。

去年，張作老的著作《今文觀止：試從故紙看今朝》（天下文化），登上暢銷書榜，今年又接續寫作《今文觀止卷二》。作老寫此書，此書寫作老。道德文章，膾炙人口。

台灣自戒嚴到解嚴，對幾代媒體人的專業與人格都是一場重大的磨難與考驗。我請作老在本書留言，因他是見證並解釋這場磨難與考驗的新聞媒體人的標竿型人物，也是我的人生與工作的師範。

作老寫我，頗多溢美，此皆作老亦師亦友對我近半世紀來的一貫期勉。我感謝，我也慚愧。

今日台灣，看似有「新聞自由」，卻因媒體界的「人格不自由」，實際上未必有「自由的新聞」。但自戒嚴至解嚴時代的張作錦，一貫至今地自勉自惕維持住人格的自由與心智的尊嚴。

在這個飛沙走石的媒體時代，心智自由與自由新聞的可能性，也是本書的主要探索。

我有五本書由遠見天下文化出版，皆承高希均教授及王力行發行人相邀。我因怕書賣得不好，拖累他們，每次都有猶豫；但他們每次都給我鼓勵，謂出書不是只看利潤。這一次，我只能自我解嘲地說：「讓作老的暢銷書給我做補貼吧。」

遠見天下文化事業群發展逾四十年，高教授及王發行人二位已是華人天地公認的一座文化標準，他們能接納我的作品，我自然以能進入他們的標準為榮幸。

尤其，在兩岸領域中，高教授是重要的思想與價值引領者，例如他常說的「和平無輸家，戰爭無贏家」，一句話已覆蓋了兩岸所有的相關議論，我願追隨。

高教授曾說：政府有「國防部」，更應有「和平部」。

高教授為本書寫「出版者的話」。他說：「台灣近年已陷『人在禍中不知禍』的危機旋渦。」這也正是我寫作本書的心境：「心所謂危，不敢不言。」

我對高教授序文的領受是：

知音令我感動：他真正仔細評閱了我幾十年來的文字。

指南給我方向：他超越了本書的文字曲折，直指本心，直指方向。

出書前，我們談到什麼是「務實台獨」，力行發行人脫口而出「胖子裡的瘦子仍是胖子」，如今已成此文的插題。

遠見天下文化出版社總編輯吳佩穎兄主持本書的編印，胸有成竹，行雲流水，令人拍手。承副總編輯郭昕詠小姐任本書責任編輯，副主編張彤華小姐參與編務，二位聰明、專業、溫暖、敏捷，在此由衷道謝並致敬。

本書的稿件仍仗與我同辦公室的賀玉鳳小姐完成，我們一起完成過近十本書，我每次說聲謝謝，但皆不足表達我的謝謝。

沒有仙女棒　慢慢搭積木

兩岸議題是一個「國共內戰／統獨分歧／地緣政治／中國方向／人類文明」縱橫交錯的巨大糾纏。

它不但涉及兩岸十四億世世代代中國人（有人不承認是中國人，但也涉及）的人生品質，包括政治生活是否更有尊嚴、經濟生活是否更享福祉；亦涉及這十四億世世代代中國人如何承當世界角色及引領人類文明的問題。

現今的兩岸，大陸成就了專政崛起，台灣則實現了民主體制。兩岸問題的解決，大陸應當繼續改革開放的艱辛探索，台灣應當更珍惜體現民主自由，且努力營造更優秀的民主。

中共想要消滅中華民國，但中華民族不應消滅中華民國。這不但是兩岸應有的警覺，也是國際必然的關注。

兩岸問題的終局解方，應當朝向：

「為人類文明建立典範，為兩岸人民創造救贖。」

七十餘年來的兩岸糾纏顯示：可惜我們沒有仙女棒，否則只要點一下就解決了問題；我們只能搭積木，一塊一塊地搭出兩岸及世界都能接受的兩岸解決方案。

因此，讀者會發現，「由目的論轉向過程論」，是本書首尾一貫的脈絡。在現今階段，兩岸應當淡化「統一／台獨」的目的論，移向「和平發展」的過程論。這不是仙女棒，而是搭積木。

「過程論／目的論」是我談論逾三十年的題目，希望兩岸關係能夠「從合理的過程，到改善的目的」。

過程論的基本理論是：「定錨中華民國／共構和平競合。」

談到這裡，又可回到這篇序文的標題：希望台美中三方都能用「中華民國」相互攤牌，也就是用「維持現狀」相互攤牌。中華民國就是現狀。

如果美中雙方不能明說，也應當建立此一默契。當然可以由台灣來明說，因為，「九二共識／一中各表／求同存異」就是「維持台灣以中華民國的狀態存在的現狀」。

中共反對台獨，台灣主張「一中各表」。這就是定錨。

最後，藉用「大地板中國／大屋頂中國」來呈現本書的主體架構。大地板中國，就是用「定錨中華民國」來「封底」；共構和平競合，就是用「大屋頂中國」來「不封頂」。謝謝毛治國院長的觀點。（38）

我們沒有仙女棒，只能慢慢搭積木。

沒有合理的過程，就不會有良善的目的。過程必須合理，先定錨中華民國；過程合理了，目的就可能改善，邁向大屋頂中國。

兩岸相互守住底線。你不武統，我不台獨。（49）

天佑大屋頂中華，天佑大屋頂中國。（34）

第一部

不可夢遊台獨

務實台獨，就是借殼台獨、內殺型台獨、夢遊式台獨。

借殼台獨說，我們其實是主權獨立的台灣國，現在只是借用中華民國憲法而稱作中華民國。這是買空賣空、鳩占鵲巢、冒名頂替。

內殺型台獨（不是外擊型台獨）只會撕裂中華民國，無力對抗中華人民共和國，也成就不了台獨，兩頭落空。

夢遊式台獨，不正名、不制憲、不台獨公投，溫水煮青蛙、狸貓換太子，意圖拐帶台灣人民夢遊進入台獨。

解讀賴清德「親中愛台」

本文寫在二〇一七年六月，於賴清德宣示「我是一個務實台獨工作者」，並準備與蔡英文競逐二〇二〇年民進黨總統候選人之際，這是「務實台獨」的初始論述。

賴清德的「親中愛台論」，處處破綻，甚至自相矛盾。有如一隻想要衝決牢籠的困獸，霎時間未找到出口，不免撞在圍籠之上，但它急於想要脫困的情態已是表露無遺。以下，一面引述賴的說法，一面略做評述。

賴說，「親中愛台」超越兩蔣李扁馬。他說，兩蔣是「反中」；其實，兩蔣是反共，不反中。又說，馬傾中，但馬其實是「和陸、友日、親美」；馬從未主張「傾中」，「傾中賣台」是綠營給馬貼的政治標籤，從來不是馬的政策。賴又說，兩蔣及馬，反中或傾中，均未著墨台灣地位；但難道僅憑這一句話，就能一筆抹煞兩蔣的革新保台及馬英九的「以台灣為主／對人民有利」？

賴又說，李登輝的「兩國論」及陳水扁的「一邊一國」，基本上以台灣為核心，但跟中國關係一刀切。

看完這些，賴清德是不是要說：兩蔣反中，我不反中。李登輝陳水扁兩國論一邊一國一刀切，我不主張兩國論一邊一國一刀切。然後，再標榜自己的「親中」與「傾中」不同。

賴清德的結論應當是：親中愛台，不反中，親中非傾中，不僅以台灣為核心，也著墨跟中國的關係，不是兩國論，也不是一邊一國，不與中國一刀切。但是，他同時又說，沒有台獨黨綱的民進黨將被其他政黨取代；無論在什麼職位上，他的台獨立場沒有改變。

這是不是處處破綻？是不是自相矛盾？其實，賴清德的困獸出口，正是在他的矛盾與破綻之中。可先解讀他對「九二共識／一國兩制」的演繹：

他說：廢除台獨黨綱也不是問題，下一個問題是你接不接受九二共識的一個中國原則；接受九二共識也不是問題，問題是在一國兩制，台灣人民不可能接受澳門跟香港地位的九二共識。

一、賴清德是否在說：如果九二共識不走向一國兩制，他接受九二共識的一個中國原則就沒有問題，廢除台獨黨綱也沒有問題。

二、一國兩制是中共在一九八〇年代標舉的政策，九二共識則是至二〇〇八年始成為兩岸制度化交流的共同政治基礎。自此，九二共識在兩岸互動的論述中，就幾近完全頂替了一國兩制。如今賴卻指九二共識走向一國兩制，分明是反其道而行。

三、一國兩制的「一國」，是指「中華人民共和國」。「九二共識」則是「一中各表」；一中各表，正是拒絕承認「一國兩制」的一國。

四、賴清德說：「台灣人民不可能接受澳門跟香港地位的九二共識。」但是，香港沒有九二共識，只有一國兩制，一國兩制是植基於《香港基本法》之上；馬政府則主張「九二共識／一中各表」，一中各表不贊同一國兩制，九二共識是植基於《中華民國憲法》之上。

綜上所論，賴清德故意曲解九二共識，此一破綻，卻反而襯映出九二共識正是要嘗試抵抗及轉移一國兩制的兩岸互動架構，而且趨近奏效。然則，賴清德能不能就此重新思考：「接受九二共識也不是問題」？

一、賴清德說：「一個進步的台灣，可以帶動一個繁榮的中國（此話在卅年前也許是正確的，現在卻正在翻轉之中）；一個穩定的中國，可以提供安全的台灣（這是從國安觀點指出不可一刀切）。」賴清德貶抑「一刀切的台獨」，欲開創「親中的台獨」；反而暴露了台獨的色厲內荏、難以為繼，與自欺欺人。

二、賴清德並未否棄九二共識，而是站上了「如果不是一國兩制，廢除台獨黨綱也不是問題」的高度，可謂明智之舉，這也是一種「有條件的九二共識」。賴清德若接受九二共識，就可堅持九二共識的定義權（是一中各表，不是一國兩制），這應是賴清德唯一的出路，也是民進黨唯一的出路。因為，沒有「九二共識」，北京仍然可以反台獨；但台灣若無九二共識，卻很難再創造「一中各表」的載體。

三、賴清德此舉，被解讀為欲與蔡英文建立兩岸論述的差異化，進而與蔡競逐二〇二〇民進黨總統候選人。但關懷大局者卻更希望，賴清德能藉「親中愛台論」及「如果不是一國兩制，接受九二共識也不是問題」，來協助蔡英文在任內完成民進黨兩岸路線的轉型換軌。因為，蔡英文未來三年若繼續困於兩岸危局之中，整個民進黨，包括賴清德，就更無脫困的可能性了。

找出口，別往圍籠上撞。

二〇一七年六月二十二日

徘徊在半路上

蔡英文轉向華獨了？

陰陽奇正，表裡虛實。自本文起，目錄序號2至6的五篇文章，評述蔡英文及賴清德在「法獨／殼獨／華獨／中華民國台灣／務實台獨／中華民國」之間的鬆動、徘徊、游移、閃躲、反覆、變形及轉型。

蔡英文的國慶談話引起一個話題：她是不是由台獨轉向華獨了？

二〇二〇總統大選揭曉次日的《大屋頂下》說：蔡英文的兩岸論述自此定位在「中華民國台灣」。這是「台獨」與「華獨」的混合體。退一步是「台獨」，進一步是「華獨」。

當時，連民進黨內部恐怕未必都看得出此局。後來賴清德的「中華民國新生論」，及蔡其昌的「中華民國換手（給民進黨）論」算是跟上了風向。

民進黨若要從台獨向中華民國移動，在邏輯程序上應當經過四個階段：①法獨，正名制憲，已無可能↓②殼獨，借殼上市↓③華獨，一中各表↓④大屋頂中國，直面一中議題，與對岸抗衡。

我在《大屋頂下》建議蔡英文團隊：在「中華民國台灣」下，向「華獨」多靠一步，與「台獨」多離一步。

我還說：這是預言，也是期待。

唯就國慶前後的景象看，蔡英文應當已脫離了法獨，看似向華獨移動，但其實是仍徘徊在殼獨的半路上。這是最凶險的位置，丟了法獨，到不了華獨，兩頭落空。

蔡英文的「四個堅持」，是回到《台灣前途決議文》。亦即，在否定「一中原則」及揚棄「一個中國」下，主張「中華民國與中華人民共和國互不隸屬」。這是殼獨。

習近平十月九日談話，大談「辛亥革命／孫中山」。這是明明白白遞給蔡英文一個話茬；但蔡英文第二天國慶談話完全迴避了「辛亥革命／孫中山」，反而幾次提及「七十二年來的中華民國」。遂使這場演說儼然成了殼獨文告。

蔡英文講辭中的「中華民國」是沒有「辛亥革命／孫中山」的，但國慶大會禮台上卻懸掛國旗與國父遺像，由游錫堃率全體與會者行三鞠躬禮。這是在「補充」蔡英文講辭中的缺漏？或顯示這是在殼獨與華獨半途中的徘徊？

在蔡團隊的國慶相關言行中，充滿這類「半途」景觀。例如，蔡英文談話稱「七十二年來的中華民國」。但蘇貞昌卻說，「辛亥革命建的是中華民國，中共不要掠美」；陸委會也說「辛亥革命紀念日就是中華民國國慶」。

如果蔡英文國慶談話用了類似蘇貞昌或陸委會的詞句，這次演說必有完全不同的解讀。

民進黨向中華民國的移動，一向表現在與國旗的關係，由仇視到接手。蔡英文在過去幾年，曾以手執小國旗或佩國旗別針來表態。國慶天際出現史上最大的中華民國國旗（六十五坪），成為當日的焦點。總統府發言人說：「中華民國沒有消失，國旗也愈來愈大面。」

蔡英文在談話中說：「國旗不見了我們一起生氣。」她顯然要借這一幅巨大國旗來引導民眾對其政治論述移動的認知。

但是，這一場精心設計的「認知戰」，卻被謝志偉砸了場。他說：「中華民國和那面國旗只是壓制台灣人的工具」，他感到「愈舉愈吐血」。

蔡英文與謝志偉，哪一個才能代表蔡團隊的國家認同？這些場景，到底有沒有辛亥革命及孫中山？國旗到底是共識或壓迫工具？蔡英文、蘇貞昌、吳釗燮、謝志偉、游錫堃，好像一直各有不同的認知與表態，差異就在「華獨」與「殼獨」的配比。蔡團隊難道是烏合之眾？

蔡英文與民進黨應有警惕：

一、這是「內殺型台獨」殺到自己人了。我不相信蔡英文精心策劃的這場國旗大秀被謝志偉這樣的角色潑了一盆汙水，是蔡英文及民進黨內明智者所欣賞的。蔡英文會覺得被謝志偉甩了一巴掌。

在民進黨的轉型路上，一到關鍵時刻，就會出現「誰比誰更獨」的角力，這就是「我比你更獨」的「內殺型台獨」。

像謝志偉砸了國旗秀的場，黨內無人敢批評，遑論誰敢論處他，因為台獨就是他能站在舞台上的金鐘罩。但只因他的幾句汙言穢語，就把這個轉型過程中非常光鮮重要的一個儀式化為一場鬧劇，這正是「內殺型台獨」，在民進黨中比比皆是。

不能解決「內殺型台獨」，民進黨就不可能轉型，蔡英文也成了台獨的囚徒。

二、殼獨是作繭自縛，華獨是可攻可守。「有辛亥革命、孫中山的一一〇年的中華民國」就是華獨，「沒有辛亥革命、孫中山的只有七十二年的中華民國」就是殼獨。華獨持有「一個中國」的概念，但對一個中國的意涵堅持主體性，亦認為「統一」是可以管理與節制的議題。殼獨則完全否定「一個中國」及「統一」，主張用「中華民國與中華人民共和國，一邊一國」與中國抗衡。

殼獨的根本矛盾是，不能不藉「中華民國」的殼來保護台獨，卻又要用「轉型正義／去中華民國化」來毀滅中華民國。正如蔡英文用六十五坪的史上最大國旗欲形塑其基本共識與最大公約數，但謝志偉卻無底線地汙衊這面旗幟。蔡英文加謝志偉，這就是「殼獨」。

有一篇「幕後報導」很吸眼球。略謂，在國慶談話煮稿時，「年輕幕僚群大大反對蔡英文從辣台妹變成中華民國派。」又稱，「蔡英文在演說中特別加重『中華民國』的含金量。」如果此說無偽，似可證實，蔡英文確實想藉此次國慶場合進行某種程度的轉型操作。於是，出現了一個話題：蔡英文轉向華獨了。

其實，如果此次蔡英文對外回應了習近平「辛亥革命／孫中山」的話茬（像陸委會那樣說），且對內她的國旗秀未被謝志偉砸場，也許在這次國慶她已經完成了一次轉型的華麗轉身。當然不會一次轉過來，但可能已出現一個有意義的拐點。

蔡英文當然知道，台灣無論如何也甩不掉「中華民國」。她的選擇是在「殼獨」與「華獨」之間。

殼獨，像是蛇從吞食自己的尾巴來吞食自己，就是「頂著中華民國的殼，但不斷去中華民國化」。自己要毀滅中華民國，又希望中共「正視中華民國存在的事實」。

華獨，可攻可守。循著前文的「轉型四階段」，在「統一前」就是「華獨」（一中各表）。至於「統一」，目前尚看不到「心靈契合」的因素。如果出現「心靈契合」的條件，則可藉「統一公投」加以檢證。

因此，倘若幕僚們發現蔡英文竟然變成了「中華民國派」，這完全不必驚訝，因為這是台灣唯一的生路，也是蔡英文歷史定位的正確出路。

現在的問題是：缺乏戰略定力的蔡英文猶如水溝裡的一片枯葉，在殼獨與華獨的半途上漂來漂去，只消謝志偉一個小小的漩渦就把她帶上了泥灘。

小心內殺型台獨。尾巴搖狗，太阿倒持，多麼荒唐。

二〇二一年十二月五日

和盤托出蔣經國

蔡英文的課題（上）

欲探究蔡英文在蔣經國總統圖書館揭幕典禮的談話，可從解讀姚人多的相關評論入手。

因為，姚曾是蔡的撰稿人，二人對相互的政見應皆摸過底，姚可看出蔡的變化；姚從建制內走到建制外，其言論可看出內外的對照。

姚的發言要點有三：

一、他說：「總統，妳錯了。」他對蔡使用及引用的評語包括：「我非常不以為然」、「是一個價值錯亂的事」、「不知道該哭還是該笑」及「荒謬無比」等。

二、姚說，總統錯了，「甚至是不道德的」；且自認自己的見解與立場才是正確的。他說：「因為您去了一趟蔣經國紀念園區，我們再批評蔣經國好像就變成在批評您的愚蠢跟背叛。」此處是說，蔡的言行可被批評為「愚蠢跟背叛」；「我們」是對的，「您」是錯的。

三、姚顯然認為，蔡的言行會發生骨牌效應；因為，「難道蔣介石不反共？我們也要肯定蔣介石嗎？」反正不是都能說成「功過相抵」嗎？依姚的看法，若是紀念鄭南榕，就不可紀念蔣經國。他說：這是蔡不可改變的「人設」。

舉世皆然。文膽與總統的關係，有時是總統借文膽的筆表達自己的看法，這只是請人妝飾文采；有些則是文膽借總統的嘴表達自己的看法，甚至喧賓奪主。這就涉及總統的「人設」由誰來決定？由總統自己？或文膽？文膽是不是教師爺？總統是不是提線傀儡？姚已脫離建制，因而他的言論更能呈現此種賓主之間的糾葛。

這場風波，不僅暴露了蔡姚的齟齬，也呈現出民進黨及綠營內部的分歧。大家都在議論：這只是一場黑臉白臉的雙簧？還是確有路線鬥爭上演？

其實，以上兩種看法都正確。

一、黑臉白臉。在蔡英文出席蔣經國圖書館揭幕活動以前，蔡政府建制內有兩個動作。一是退輔會空前高調出面主辦「紀念經國先生音樂會」，指蔣經國「走過璀璨」、「反共／革新／保台」、「對台灣的貢獻無可置疑」、「這就是舉世稱頌的寧靜革命（的源起）」。此可視為白臉。另一是在蔡英文談話前夕，促轉會發表聲明，對園區及圖書館以蔣經國命名提出異議（連蔣經國的姓名也不能叫了？），並「建議應予改名或其他配套處置」。又認為揭幕活動只讚揚蔣氏「卓有成就」，卻對威權事蹟隻字未提，並論及林宅血案、陳文成案等。此可視為黑臉。

退輔會及促轉會的動作，雖皆謊稱總統府事前不知，但應可視為蔡英文在黑臉白臉的兩手布置。

此外，在綠營內部，另有扮黑臉者，以襯托蔡的溫和；亦有扮白臉者，為蔡護駕。

二、路線鬥爭。姚人多甚至拐彎抹角地指蔡英文是「愚蠢跟背叛」、「不道德」、「荒謬無比」，段宜康則稱「莫名其妙」。如果只是扮「黑臉」，他們其實不必用如此暴烈的詞彙。另如蘇貞昌說「不會因為獨裁者晚年的慈眉善目，就忘記當時的血腥鎮壓」，也在呈現與蔡英文不同的「人設」。再翻看綠營其他因蔣經國議題而引發的對蔡英文的攻擊，亦可察覺確是一場路線鬥爭。

另者，有報導指出，蔡英文是在「親近幕僚」皆強力反對下，堅持出席蔣經國圖書館揭幕活動。當日講稿總共改了十多次，且是在「幕僚堅持」下，才放進反共保台的概念，但蔡英文未接受「幕僚堅持」要提林宅血案及陳文成命案（促轉會已加補綴）。

此類場景也曾見諸蔡英文二〇二一年國慶文告的煮稿過程，「年輕幕僚群大大反對蔡英文從辣台妹變成中華民國派」，並詫異於「蔡英文在演說中特別加重『中華民國』的含金量」。這些，雖然皆只是蔡與文膽之間的互動，但也顯示了路線分歧。

蔡英文的蔣經國談話，顯然呈現了她在政治論述上的移步與調整。因此，不論對內對外，她皆必須有黑臉白臉的陰陽虛實布置，以保留進退攻守的空間，此乃理所當然。

但是，問題在於，如果蔣經國議題確實涉及國家生存大戰略的移步調整，那就絕對不只是一個黑臉白臉的操作，而是在這個頂層大戰略移步時，蔡英文能否堅持其主體性及主動性。

姚人多指蔡英文「背叛」。是蔡英文背叛了姚人多嗎？姚又口口聲聲要蔡英文注意「尺度」，這是尾巴搖狗嗎？

試問：總統是否文膽的腹語玩偶或提線傀儡？

姚的通篇論證，皆在憂慮蔡英文紀念蔣經國，會使綠營的轉型正義無以為繼，一潰千里，不能自圓其說。但如果蔡英文心中所思是「團結台灣／化解分歧」，亦即以台灣的生存大戰略為念，則恐怕就不宜用姚的「綠營主體論」做為評判蔡的尺度了，而應改以「台灣生存戰略論」為尺度。

眼下所見，可謂是一場「內殺型台獨」與「外擊型台獨」的路線鬥爭。姚人多等是「內殺型台獨」，堅持將其政治論述緊抱二二八，並以此為「尺度」。但蔡英文似乎思及如何降低「內殺型台獨」的自傷，並放大「外擊型台獨」的「尺度」，更甚至隱約可見她試從「台獨」轉向「華獨」的移步。蔡英文能否超越姚人多的「尺度」？

無論黑臉白臉或路線鬥爭，雙方的主要歧異是在：一方主張只能談二二八，不能談蔣經國反共保台；若談蔣經國，也只能說威權獨裁，甚至蔣經國的名字也不可見於園區。另一方則稱蔣經國「走過璀璨」、「反共／革新／保台」。

中正紀念堂也面臨類似的爭議。

台灣的政治論述，難道一定要掐頭去尾，而不能共同接受自光復、古寧頭、二二八、土地改革、地方自治、白色恐怖、八二三、十大建設、九年國教、退出聯合國、莊敬自強、處變不驚、鄭南榕、美麗島事件、林宅血案、台積電、解除戒嚴、開放兩岸交流、反共、革新、保台、台獨黨綱、台灣前途決議文、總統直選、政黨輪替、大三通、ECFA、馬習會、一中各表、不統不獨不武、反送中，至反一國兩制這個多面相、全過程的真實而完整的歷史滄桑嗎？

說到底，我們難道一定要用什麼「尺度」來肢解蔣經國？為什麼一定不能共同接受一個「和盤托出」的蔣經國？

是否只因不敢面對和盤托出的台獨是非，才不能和盤托出蔣經國的功過？虛偽的台獨，脆弱的台獨。

本文認為，這一場關於蔣經國的議論，不能只看成綠營內部的黑臉白臉，而必須認知這在本質上是一場涉及國家生存大戰略的分歧與選擇。

遙望阿富汗與烏克蘭。姚人多與蔡英文，由誰領路？

二〇二二年二月二十日

蔡英文的課題（下）

搶蔣經國神主牌

陸委會主委邱太三說：如果「維護中華民國的主權」不算台獨的話，未來在兩岸任何協商談判上，應該會是比較好的基本條件。

用《大屋頂下》的語言說，這句話或可說是：我不台獨，你不消滅中華民國，雙方定錨在中華民國，和平競合，可以協商談判。

蔡英文的一一〇年國慶談話及蔣經國圖書館揭幕演說引發議論，可見蔡英文出現了由「台獨體系」向「中華民國體系」碎步移動的試探。藍綠都說：「蔡英文正在搶蔣經國神主牌。」

如今，邱太三這句話，雖有是否「兩國論」的爭議，但不啻已是「搶中華民國神主牌」了。

蔡英文出現轉身移步的試探可以理解（不是說她已經完全轉身）。因為，經過近年的曲折變化，台獨的發展愈來愈深刻，卻也愈來愈趨近撞牆與必須回頭的時刻；中華民國則愈來愈掏空，但是也愈來愈逼近若沒有中華民國，台灣就活不下去的底線。因此，蔡英文若非「愚蠢」（姚人多語），則她由「台獨體系」碎步轉向「中華民國體系」的試探，不足為奇，應是理所當然。

試探的路徑已經呈現，是由①政治符號，漸漸移步進入②政治敘事。

①政治符號：開始正面承接中華民國的國號、國旗、國歌等認同符號。如國慶日呈現「史上最大的中華民國國旗」（六十五坪），元旦升旗由陳時中領唱國歌（陳是蔡政府的名片），蔡英文與賴清德則皆手持小國旗，退輔會高調紀念「蔣經國先生」忌辰，共機繞台驅離廣播用「我是中華民國空軍」，共軍繞台示意圖的台灣地圖用「中華民國」，台僑迎賴清德過境美國幾乎人手皆持青天白日滿地紅旗與星條旗……這些場景皆可看出系統操作的軌跡，至少在政治認同符號上已進一步貼住「中華民國體系」，正名制憲的「法理台獨」應已翻頁。

②政治敘事：蔡英文國慶談話提及「中華民國與中華人民共和國互不隸屬」，這是仍以「中華民國」為兩岸關係的主體。因此，國慶談話被幕僚視為「中華民國

派」、「加重『中華民國』的含金量」。退輔會高調紀念蔣經國，更稱頌蔣經國「走過璀璨」，「反共／革新／保台」，是「寧靜革命」的開路人。蔡英文的七海園區演說稱，「（蔣氏作為）依然是我們當前面對各種變局的重要參考」、「蔣經國前總統堅定『保台』的立場，毫無疑問也是當前台灣人民最大的共識，更是我們共同的課題」。這類跡象顯示，移步轉身已由符號層次碎步進入政治敘事，遂有「搶蔣經國神主牌」的說法，姚人多甚至諷刺蔡英文可能轉化為「獨裁者（蔣經國）的傳人」。

蔡的移步轉身試探，謝志偉沒看出來，因此他譏諷那幅大國旗「只是壓制台灣人的工具」；但姚人多看出來了，因此他說蔡英文「愚蠢跟背叛」。

「台獨體系」是一個系統化論述，包括，要打倒國民黨，因此要鞭屍兩蔣，要篡襲中華民國，因此要篡改歷史，所以也必須主張不共戴天的兩岸戰略。

姚人多反對肯定蔣經國，就是怕此一系統若出現重大「破口」，骨牌效應，「台獨體系」就可能一潰千里。但是蔡英文倘是在「親近幕僚」皆強力反對下，仍堅持出席蔣經國圖書館揭幕活動，卻是要在「中華民國體系」找到「入口」。因為，政治轉身也是一個系統化的工程。姚的破口，正是蔡的入口。

問題是：評論蔣經國，倘若不能「功過相抵」（姚人多主張），難道也不可「功過並呈」（蔡英文試探）嗎？

僅舉一例，以蔣經國的民主功罪論。兩蔣父子在民主操作上，大致可分三階段：一、禁止它發生：如戒嚴、《刑法》一〇〇條。二、準備它發生：在社會、經濟及教育上的準備，並進行分期付款式的民主。三、使它發生：就是解嚴，開放兩岸交流。其中，有是有非，因此有過亦有功。

例如：最近相當突出的議論，是在民進黨建黨時，蔣經國及國民黨有否「協助」的角色？如今史料已經證明，當時解嚴的政策思維已經形成，陶百川、梁肅戎、沈君山、胡佛等人代表當局與黨外的互動密切，施明德等且認為，因江鵬堅及謝長廷等國民黨線民潛伏在黨外，遂使原定「台灣民主黨」的黨名臨場突然變成「民主進步黨」，後來江鵬堅亦成了首任黨主席。這些，皆被視為國民黨可能曾設法使組黨事件盡量在可控的節奏下發展。

至於解嚴，民進黨認為是黨外及民進黨的努力促成，此無疑義。但是，蔣經國適時主動宣布解嚴，更可謂是使台灣的民主化與本土化得以軟著陸的主要因素，此即退輔會所說的「寧靜革命」的源起。縱目世上有多少威權體制堅拒民主浪潮，最後不是淪為民主悲劇，就是演成玉石俱焚。因此，解嚴誠有黨外人士的心血努力，但更是蔣經國「使它發生」。

那麼，為什麼只能由蘇貞昌捏造出一個「血腥的蔣經國」？卻不能回歸史實給大家一個「和盤托出／民主解嚴」的蔣經國？

台獨很不公平。為什麼和盤托出功過並呈的蔣經國，就是錯誤、愚蠢，就是不道德？但為什麼非要把蔣經國形塑成一個「只能有過／不能有功」的獨裁者，就不是錯誤、愚蠢，不是不道德？

姚人多反對「蔡英文總統帶著『反共保台』四個字去紀念蔣經國」。其實，姚可以儘管細數詳列他所想像的蔣經國「罪惡」，但難道連「蔣經國反共保台」也不准蔡英文說？

蔡英文評論蔣經國說：「有錯誤的地方，我們引以為鑑；有值得學習之處，我們也要引為借鏡。」

蔣經國確有「值得學習」及可以「引為借鏡」之處。蔣經國「反共保台」的精粹在於，他不是台獨，他為中華民國、為台灣肝腦塗地。

要看懂完整的蔣經國，才能看懂完整的中華民國。

蔡英文在二〇〇八年可謂隻手救起已經形同廢墟的民進黨，現在卻是蔡英文必須設法從得意忘形的民進黨及「內殺型台獨」將自己救出來的關鍵時刻。這是她的自救，也是救民進黨，更是救台灣。

台獨是革命者及異議者的玩具，中華民國是執政者的責任。

「台獨體系」必定走不長遠，蓋頭鰻不知生死門；台灣唯在「中華民國體系」下尚有生機可覓。

蔡英文只把話說到「學習蔣經國」。邱太三則將「中華民國不算台獨」的未盡之意說出來了。

至於是不是「兩國論」，一步一步來，也許到下次邱太三發言就知道了。

二〇二二年三月二十七日

台獨陷入彼得原理

賴清德被放鴿子

長期以來，我有一個想像。我覺得並相信：民進黨的台獨總有一天必須走回中華民國。

我說「必須」，是因不論從世界經緯、兩岸折衝及台灣本體的條件看，中華民國誠然生存不易，但台獨更難有生機。而且，台獨玩得愈凶，台灣的內外災禍及危機就愈大。因此，如果民進黨上不來，台獨當然不可能實現；但如果民進黨的聲勢像今天這樣上來了，台獨就更不可能。這就是「台獨的彼得原理」。

所以我認為，台獨終究「必須」走向中華民國。

我將這個思考歸結為兩句話：台獨是革命者及異議者的玩具，中華民國是執政者的責任。

最近幾年，是民進黨最得勢之際，也是在表象上台獨最旺盛之時；但是，同時也可清清楚楚地看到，台獨已瀕推車撞壁，因此蔡英文（而不是整個民進黨）正在悄悄進行由「中華民國台灣」朝向「中華民國不是台獨」碎步移動的試探。

五月八日《大屋頂下》〈第三條路：民進黨走中華民國路線〉，就是討論這個議題。

去年二月，邱太三出任陸委會主委，向北京提出兩個問題，並祝願兩岸春暖花開。

一問：台獨要怎麼定義？中共未答覆，如今邱太三卻自問自答：「中華民國不算（是）台獨。」

二問：北京為九二共識「加註」，已無「一中各表」，已無中華民國的空間。邱太三的潛台詞其實是，不要加註，何不回到「一中各表」？

邱太三的兩個問題，指出了兩岸僵局的癥結所在。或可視為蔡英文在兩岸思考的底牌，更可看成對北京當局的引導。亦即：雙方都不要把中華民國視為台獨，不要為九二共識「加註」。

由此可見，蔡英文在「第三條路」的試探是相當清楚的，但恐龍想轉身，整個軀體及尾巴卻不可能同時反應，因此可以見到如今蔡團隊中有許多慢半拍、自相矛盾，甚至背道而馳的動作，如中正紀念堂拆不拆銅像。

最佳的觀察樣本是賴清德。他有意接任總統，因此他也最有轉彎的迫切需要。他的難題是：如何從一個「務實的台獨工作者」轉向「中華民國不是台獨」。賴的難題反映了整個民進黨的難題。

最經典的事例，是賴清德在四月廿八日與陳儀深出席《舊金山和約》與《台北和約》七十週年紀念。當然，要扯到「台灣地位未定論」。

台灣地位未定論是台獨理論的支柱。旨在支撐「中華民國是外來政權／流亡政府」等論述，否定中華民國對台灣的主權。

例如，陳水扁即主張，依據《舊金山和約》，台灣地位未定。他並正式向美國軍事法庭提出請願稱，美國在台軍事占領的事實未變，他（中華民國總統）其實是美國軍政府的代理人。

這一次賴陳二人仍主張台灣地位未定論，但此次他們竟然強調，這兩個條約歸納的結論是：台灣主權不屬於中華人民共和國。

潛台詞應當是：因為中華人民共和國是「中國」，所以，台灣的主權不屬於「中國」。

賴陳二人是在偷換命題，將台灣地位未定論，從「台灣主權不屬於中華民國」的台獨命題，偷換成「台灣主權不屬於中華人民共和國」的反中命題。

且不贅論「開羅宣言／波茨坦公告」等，賴陳所稱《台北和約》的正式名稱是《中華民國與日本國間和平條約》（Treaty of Peace between the Republic of China and Japan），第十條並規定：「就本約而言……中華民國法人應認為包括依照中華民國在台灣及澎湖已施行或將來可能施行之法律規章所登記之一切法人。」準此，賴陳二人若是站在中華民國的地位，為何非要主張台灣地位未定？

賴陳說，台灣主權不屬於中華人民共和國，這個答案並不完整，他們必須回答：台灣主權是否屬於中華民國？若不答，就可能出現像陳水扁那樣的答案。

更精彩的來了。四天後，五月二日，陳儀深赴立院備詢，又被問到台灣地位究竟定否。他答說，他從來沒有說過「台灣地位到現在未定」，這是誤解；他接著說，台灣地位「曾經未定，但現在已定」。

現在已定，定於什麼？立委未追問，陳儀深也就躲過了必須說出「定於中華民國」。

事態演變至此，形同陳儀深只顧他自己逃命，甩掉了台灣地位未定（現在已定），卻將賴清德一個人丟在四天前。此刻可問被放鴿子的賴清德：台灣地位到底是否「曾經未定，現在已定」？

美國當年因國際博弈將「台灣地位未定論」做為想定之一，誠可理解。但莫說美國已轉向「一中政策」逾五十年，更重要的是，台灣難道要用「地位未定論」這種連國際主流也從未實施的遐思空論來做為台灣生存發展的寄命根據嗎？

賴陳二人此次狼狽萬狀，蔡團隊其他相關要角也荒腔走板。陳明通說，「我的立場很清楚，中華民國主權一直存在」；外交部則稱「中華民國台灣是主權獨立國家」（外交部最喜歡說「中華民國台灣」）；謝長廷則隔海放話稱，「美國從來沒有承認台灣屬於中國」。

看得出來，這些人七嘴八舌都在嘗試轉彎，但都一下子轉不過來。總之，在長期的「未定論」下，已沒有人有臉改口說出：「台灣屬於中華民國。」

問題是，如果不能確立台灣屬於中華民國，將如何推進蔡英文「中華民國不（算）是台獨」的論述轉型？因為，台灣若不是中華民國的，中華民國又將回到「外來政權／流亡政府」的地位，也就又必須主張以台獨推翻中華民國。

但是，有意接任中華民國總統的賴清德，勢不能承認他想接手的「中華民國」是「外來政權／流亡政府」。但他也不能只主張「台灣主權不屬於中華人民共和國」，而更須正面地主張，依據中華民國憲法，台灣是中華民國的。因為，他將依據中華民國憲法參選總統。

台獨是革命者及異議者的玩具，中華民國是執政者的責任。民進黨從在野到執政，再從執政到更深度執政，台獨的可能性就愈來愈低，此即「台獨的彼得原理」。

「台灣地位未定論」是民進黨做為台獨革命者時的主張；但民進黨在中華民國執政且深度執政後，就知台獨絕非可大可久，即知「台灣屬於中華民國」是「自始即定／現在已定」，且是「非定不可」。

但是，「曾經未定，現在已定」，居然能將台灣及中華民國的定位，玩得像樂高玩具一般地任意組合。這可能是知識問題，也可能是廉恥問題。無知可愍，但無恥難容。

二〇二二年五月十五日

「一法四堅持」

吃瓜看賴清德獻演脫逃秀

賴清德即將獻演一場精彩的「脫逃秀」，希望他能在二〇二四年總統大選前後演出成功。

西方巨型魔術中有一種脫逃秀。演員用鐵鍊將自己五花大綁，再加上幾個大鎖，腳鐐手銬，再將自己關進一個重重巨鎖的玻璃箱中，再將箱子沉到水裡。然後，開始脫逃，倒數計時……

賴清德被視為不作第二人想的民進黨二〇二四總統候選人，但他首須從他為自己量身打造的「我是務實的台獨工作者」的捆綁及枷鎖中脫逃出來。

二〇一七年，賴清德出任行政院長，他說：「我主張台獨，在任何職務上不變。」

要當總統也不變嗎？他要不要將自己從這句渾話中脫逃出來？又如何脫逃？

當年，他說「兩岸關係是國際關係」，並反對廢除台獨黨綱，「沒有台獨黨綱，民進黨將被其他政黨取代」。這樣的用語，連李登輝、陳水扁、蔡英文都沒說過。

但是，他又獨創「親中愛台論」。他說：「我若當選總統，不會宣布台灣獨立，不會舉辦台獨公投。」而且，自稱他的主張與李登輝的「兩國論」及陳水扁的「一邊一國」不同；李扁二人基本上都是以台灣為核心，卻與中國一刀切。但是，他主張「親中愛台」，「不只是愛台，也是向中國伸出友誼，透過交流增進和平發展」，「中國應該要親近台灣，台灣應該要親近中國」，「一個進步的台灣，可以帶動繁榮的中國；一個穩定的中國，可以提供安全的台灣」，「中國應該扮演太陽（不是北風），給台灣溫暖」。他又說：「一九一一年的中華民國已不存在，已在台灣新生。」

這一套「務實的台獨觀」，可謂「支離破碎／自相矛盾／不成系統」。問題在於：他說不清楚台獨究竟是什麼？也說不清楚中華民國究竟是什麼？

如今，賴清德開始演出他的「脫逃秀」。

上個月，帛琉歸來，被問到他的「務實的台獨工作者」是否會微調？他說，沒有微調的問題。

但是，他又說，他將延續蔡英文的「四個堅持」，「當然是如此」。似乎欲以「延續蔡英文路線」做為脫逃的出口。

然而，蔡英文的四個堅持，只是把話說到「中華民國與中華人民共和國互不隸屬」的地步，並未說「台灣與中國互不相屬」。但是，賴清德的帛琉談話卻敞亮指出，「台獨及台灣獨立，其實是指台灣不屬於中國的一部分，這是台灣共識」，又稱這是「台獨的現代意義」。

賴清德拒絕「微調」其「務實的台獨工作者」，卻又稱，他將延續蔡英文路線。這不啻是移花接木，強要蔡英文為他的「務實台獨／現代台獨」背書。

其實，蔡英文的「四個堅持」，從台獨看是「兩國論」，但從中華民國憲法看也可說是一種「一中各表」，甚至可視為蔡英文欲帶領民進黨演出「台獨脫逃秀」的試探，所以她未說「台灣與中國互不相屬」，只說「中華民國與中華人民共和國互不隸屬」。

但是，現在賴清德卻說「台灣不屬於中國的一部分」，不啻重申他的「兩岸關係是國際關係」，並強將「四個堅持」定位在「兩國論」。如此這般，蔡英文也許想從兩國論逃出來，賴清德卻將蔡英文又硬生生拖了回去。

好笑的是，賴清德既主張「台灣不屬於中國的一部分」、「兩岸關係是國際關係」，則他的主張與前述李登輝的「兩國論」及陳水扁的「一邊一國」又有何不同？豈不也是「一刀切」？如此，如何可能實現他的「中國親近台灣，台灣親近中國」？

這般膚淺錯亂的「務實台獨／現代台獨」，到了二〇二四年，美國懂得欣賞嗎？中共會「給台灣溫暖」嗎？主流選民會欣然為賴清德背書嗎？

解嚴後，台獨成為糾纏台灣政治的主要議題。三十多年來，台灣政治可謂就是兩千三百萬人從台獨的騙局裡覺醒並試圖逃生的過程。實在悲慘，實在辛酸。

其實，從《台灣前途決議文》到「四不一沒有」，到「凍結台獨黨綱」等，可見民進黨也屢屢嘗試台獨的脫逃秀。蔡英文的「依據《中華民國憲法》及《兩岸人民關係條例》處理兩岸事務」也是一種脫逃，賴清德的「務實台獨／現代台獨」則是最滑稽又矛盾的「脫逃秀」。

其實，賴清德欲以蔡英文為脫逃出口是對的。讓蔡英文為他打開出口，他再尾隨逃出。因此蔡英文必須先從「四個堅持」的「兩國論」中脫逃，轉向「一中各表」。本文認為，蔡英文的脫逃路徑是：「一法四堅持」。

亦即，設法重建一個論述：「依據《中華民國憲法》及《台灣地區大陸地區人民關係條例》處理兩岸關係，堅持……（四個堅持，略）。」

也就是將二〇一六年總統就職演說的「兩法論」，及二〇二一年國慶談話的「四個堅持」掛鉤連結起來。建立一個「兩法四堅持」的體系，唯因《中華民國憲法》已經覆蓋了《兩岸人民關係條例》，所以可以簡化成「一法四堅持」。

至於九二共識，也可安排一個脫逃秀。可稱：我們對九二共識的見解，已在「一法四堅持」中有所反映。換個說法回到「一中各表」。

亦即，蔡賴二人應當轉向「務實的中華民國工作者」，根據《中華民國憲法》來解釋「四個堅持」與「九二共識」。

九合一後的情勢顯示，民進黨「對內，民主自由，廉能治理」及「對外，國家安全，捍衛台灣」的兩大「台灣價值」均告解構破滅，關鍵則在國家認同及兩岸關係。民進黨用台獨綁架了台灣，並用台獨作繭自縛。因此，台灣欲得救贖，民進黨必須先從台獨演出脫逃秀，台灣始可能從台獨的綁架下脫身。如今，蔡英文必須先脫逃，賴清德始能脫逃。賴清德勿再愈描愈黑、愈陷愈深，更不要拖蔡英文下水。

九合一選舉，當然與兩岸情勢有關。選後，民進黨內出現的第一個政策思考竟然是義務役延長案是否要繼續推動？推動，「票投民進黨，青年上戰場」。不推動，「抗中保台」成了笑話。

兵役問題與兩岸問題有關，兩岸問題與台獨有關。民進黨用台獨將國家認同及兩岸關係玩弄至此地步，賴清德難道還要青年延長兵役，為捍衛他繼續做一個「務實的台獨工作者」而戰？

那麼，台灣究竟是為台灣而戰？或是為賴清德個人的這一句渾話而戰？

倒數計時。賴清德如果二〇二四參與大選卻不能從「務實的台獨工作者」成功脫逃，「綠倒小夜曲」勢將成為膾炙人口的選戰歌曲。

確診，祝賴副總統早日康復。

二〇二二年十二月十一日

單行道／單線道／無路肩

蔡政府抗疫的政治操作

民進黨政府的可怕本質，反映在從頭到尾將治理疫情視為一種政治操作。可怕的是：在疫情這樣的國家危機下，民進黨卻欲以「單行道加單線道」的手法來處理危機。自始即將「危機」視為他人不可插手的禁臠，而據為當局獨占的政治舞台，其中甚至涉及「綠友友」經濟勾結的重大嫌疑。

何謂「單行道加單線道」？

高端計畫就是最好的說明。蔡政府想要推出高端疫苗做為對治疫情的主力，使之成為科技及政治上的雙料成就，這無疑是當局初始的方案。因此，一開始就把林全的BNT案掐掉，又對各方自購疫苗的主張極盡羞辱，更做出幾個佯裝也在接洽外購的假動作來敷衍社會視聽……

當時的疫苗政策就彷彿只為高端開了一條「單行道」，而且又是一條「單線道」，禁止且防堵社會上其他自購疫苗的主張對高端超車競速。因此只見蔡政府獨自一輛抗疫大車在「單行道加單線道」上的最前沿故意慢速行駛，將其他車子都攔在後頭。這時的政策目標是：大家都等待高端跟上來吧。

但是，怎麼攔得住？由於鴻海，尤其是慈濟、佛光山都出面要求外購疫苗，當局終於攔不住了。再加上此際日本（自己不打AZ）及美國相繼贈送疫苗。單線道終於出現多線道，高端被進口疫苗超車，填補了疫苗供應的空檔，社會的緊張與焦慮獲得紓解。

假設，若無慈濟鴻海出面引進BNT；再假設，日美未大量捐贈疫苗（這應不在當局的預案之中）；再假設，最後台灣是被迫以御定的高端為疫苗主力，國民失去了疫苗的選擇權……民進黨政府能想像那會是怎樣一場社會憤怒與政治災難嗎？

因此可說，台灣度過了疫苗這一關，民進黨應慶幸「單行道加單線道」的高端計畫失敗。

高端失敗救了民進黨，但高端逾期銷毀的疫苗卻由全民埋單。

再舉一例，「快篩陽不可視同確診」是另一條「單行道加單線道」。

五月疫情爆發，當局突然轉向「新台灣模式」，「重症求清零，有效管制輕症」，卻竟然完全不見「超前部署」。其實，此時各國「與病毒共存」的操作已提供完整的經驗，蔡政府連抄作業都沒抄好。問題從快篩劑開始：

一、供應的途徑：此時，快篩劑在世界上已成買方市場，貨源充足，議價的空間也大。照理說，當局只要據守ＥＵＡ規格，以公帑購入，或公平開放進口即可因應供需生態。不料卻一方面操縱標案，欲由政府「選擇性」授權進口商；另一方面又限制個人進口，須經海關申報程序，且徵納行政規費。一出手，就將快篩劑的供應途徑堵塞住了，民怨爆發。這又是單行道，也是單線道。

再如，當局在初期貶抑唾液快篩劑的效果，陸續駁回了四十餘件進口申請，最後竟火速批准了與高端同一人脈的「福又達」，並自六月一日起，入境旅客以唾液快篩取代鼻咽快篩，也不再質疑其效果。「福又達」走的是不是「單行道加單線道」？

二、費用：有許多國家皆免費提供快篩劑。但蔡當局卻完全沒有免費供應全民快篩劑的預案，而是從每劑約三百元向社會喊價；殺價後在八大通路每劑售一八〇元，而最低工資時薪是一六八元。後來，當局逐漸分類分段免費提供快篩劑，可見政府有此財力，但起初卻全無此念，令人不得不懷疑，目的是要將市場留給有待飼養的快篩蟑螂們。

三、快篩的流程功能：香港的慘痛經驗顯示，必須及時以快篩陽視同確診，才能解決流程壅塞的問題。但蔡當局不識殷鑑，起始仍堅持快篩陽必須經過ＰＣＲ始能確診，這個轉折至少須耗二至三日，因此嚴重延誤了五日內投藥的黃金時間，且醫護體系亦不堪負荷。

此際，雙北屢屢建議速定「快篩陽視同確診」，但蔡當局卻嗤之以鼻，陳建仁甚至指柯文哲「完全不懂流行病學，去看看書」。因此，這也成了「單行道加單線道」，不容雙北超車。

最後，在五月廿六日，當局終於決定「快篩陽視同確診」全民通用，此時距雙北倡議已遲誤了近一個月。雙北終於「超車」。

在這段期間，當局「自主應變」的魔咒，陷民眾於恐懼與憤怒之中，全因「單行道加單線道」所致。

可笑的是，其間賈永婕接到一通求救電話，立即駕車親送五百支快篩劑到苗栗一家安養院。遲至約十日後，當局才決定免費提供快篩劑給各照護型機構。這個衛福部被賈永婕超車的場景，多麼可笑又可惡。

尤其，在當局進行快篩劑標案時，出現了高登、大鑫一類的離奇事件，莫名其妙地得標，又莫名其妙地棄標或調包。在這類標案中，「綠友友」的鬼影幢幢。民眾赫然警覺，當局起初難道也是想用「單行道加單線道」讓全民來消費這些「綠色通道」快篩劑？

更可怕的是，如高登案，迄今檢、警、調無人主動偵察，衛福部恍如沒事人，行政院沒人問，監察院無動靜。這個場景，覆刻了國人對高端政商生態的質疑。此時，國人又發現，這一條「單行道加單線道」，居然甚至沒有路肩，連處理車禍的警察都進不來。

面對「單行道／單線道／無路肩」，有時輿論監督也此路不通。只說一句「許多孩子走了」，恐嚇罰你三百萬。三百萬是個小數目嗎？剛好夠陳明文「遺失」在高鐵上。

其實，民進黨這種「單行道／單線道／無路肩」的政治操作，貪婪又野蠻，不僅見於疫情治理，也見於廣泛領域。亦即：一個公共議題或公共危機，只容民進黨一黨作主張（單行道），不容其他意見或力量的競爭及參與（單線道），甚至關閉了路肩，使中立仲裁力量無由運作（檢警、司法、監察、大法官、輿論都告失能）。

最鮮明及最可怕的例證是兩岸政策。民進黨的「單行道」是仇中、舔美、台獨；且又是「單線道」，使民間主張和平、平衡美中台關係及護守中華民國的意見及力量幾乎沒有其他車道可行。而且，路肩也被當局封死，只容促轉會橫衝直闖，體制中幾乎已無中立仲裁力量。亦即，民進黨想將全民綁架在台獨，正如曾想要將全民綁在高端。

民進黨不可將國家生死視為他人不可插手的禁臠，不可將社會危機據為當局獨占的政治舞台。不能只有單行道，要容社會另有選擇；不能只有單線道，要容競爭或超車；更不可堵死路肩，也應容其他中立仲裁力量存活。

二〇二二年七月三日

綠倒小夜曲　解構民進黨

是一種識破騙局的感覺

九合一投票前夕，瘋傳一則網帖：十一月二十六日齊唱「綠倒小夜曲」。一語成讖，民進黨一敗塗地。

這當然不只是一場「地方選舉」。因為，民進黨輸掉的不僅是縣市板塊，更重要的是民進黨所標榜的整個高層深層的「台灣價值」已告解構與破滅。

蔡英文一向標榜的「台灣價值」有二：一、對內，民主自由，廉能治理。二、對外，國家安全，捍衛台灣。然而，近年來民進黨的實際作為卻儼然與這兩大「台灣價值」背道而馳，倒行逆施。開票結果顯示，主流民意表達出一種識破騙局的感覺。

投票前夕，蔡英文說，「這是大陸軍演、二十大後台灣第一個選舉」，將選舉與兩岸掛鉤。又說，「全世界都在看台灣選民要傳達什麼訊息」，將選舉與國際處境掛鉤。又說，「要守住國家發展進步的路線，守住自由民主的價值」，將選舉與國家前景與民主保障掛鉤。尤其令人驚悚的是，她號召「台灣隊互挺，互挺台灣隊」，是則將此次選舉定位為「台灣」與「非台灣」的對決。

這是蔡英文對這次選舉的定義，所以這當然不只是一場「地方選舉」，而可謂是對民進黨「台灣價值」騙局的大解構，具有高度及深層的國家全局意義，試從「對內」與「對外」兩方面分述：

一、對內，「民主自由，廉能治理」的價值破滅：以林智堅論文案為例。林案的原始構想，是竹竹合併為第七都，由林智堅競選首屆大新竹市長。因此欲將《地制法》修正案逕付二讀，打算橫柴入灶。後因《地制法》出現程序障礙，柯建銘轉身欲以林智堅取桃園，沈慧虹接新竹，蔡英文為柯建銘背書。至此，似仍在「地方選舉」的範圍內。

但是，當林智堅捲入論文案，這場選舉立即轉型為高層及深層的道德與價值戰爭，跳出了「地方選舉」。而且論文案居然一暝大一吋變成了一頭巨型八爪水妖，伸出的每一條觸爪都恐怖猙獰至極。

例如：中華大學董事長是民進黨現職發言人，夫家是新竹在地營建商；林智堅的論文指導教授賀力行指導過四七三本論文。林智堅的台大論文指導教授陳明通則指導過一七三篇論文，鄭文燦也是他的學生。接著，發生新竹棒球場摔傷球員、桃園運動中心屋頂天花板塌落、新竹多項公共工程呈幾倍幾十億地追加預算、桃園離奇變更地目，及蘇貞昌女蘇巧純標案等事件。然後傳出鄭運鵬曾以「中國台灣」身分赴中國謀生，又牽出陳時中、薛瑞元的中國履歷，甚至柯建銘兩個兒子的「中國前科」也在尚待釐清之中。尤有甚者，到了選情絕望，開動國家機器撲殺高虹安的種種操作，當然已非「地方選舉」，簡直是魔鬼。高虹安從地獄中勝出。

至此，這頭八爪水妖呈現的已不是兩本論文，而是具體而微地揭露了民進黨「台獨公司／標案總部」的骯髒腐敗與狠毒。水很深。

然而，在林案發展過程中，蔡英文始而說「智堅辛苦了」，至台大認定論文作弊，蔡英文仍宣示「運鵬拚桃園／智堅拚清白」。這已非一場「地方選舉」，而是逼使選民對民進黨品格體質的大檢視，並由新竹桃園外溢至全國，演成「一屍N命」。

陳時中的高端案就更不用說了。隨著內幕資訊的不斷揭露，已可完全證實陳時中曾欲阻滯民間外購疫苗以助高端出頭的企圖。謀財害命，莫此為甚。

除了論文案及高端案，蔡政府的卡管、宰殺中天新聞台、促轉會自詡「東廠」、查水表、欲頒《數位中介法》、玩弄能源政策等操作，及出現黃承國黑金脈絡、台南八十八響槍聲、台版柬埔寨事件等，還有不可勝數的「綠能你不能」，均應影響了選民的投票。以上，「對內，民主自由，廉能治理」，已告破滅。

再者，民進黨發動公投案，要給十八歲國民以投票權，卻始終嚴拒給在家庭及社會承當現實責任的更成熟公民以不在籍投票權，這完全是民主假道學。公投案未過關，可說剛好而已。

二、對外，「國家安全，捍衛台灣」的價值破滅：這場「地方選舉」是在國際巨變的背景下進行。台美關係與其說是綁在地緣政治上，不如說是已捲進美國兩黨以敵對中國為民粹題材的黨爭之中。美國象驢兩黨的「仇中比賽」，在烏克蘭戰爭的撞擊下，其對台政策可謂已簡化至增強台灣做為一隻巷戰刺蝟的「自我防衛」能力，並預防性地提前將「美積電」移出台灣，且已排定美積電「撤僑」的專機班表。

至此，民進黨稱「台灣前途由台灣兩千三百萬人決定」的宣示已告破滅。如今美國將台灣打點成一隻巷戰刺蝟，把台積電撤出台灣，其實台灣前途是由美國決定，完全失去主體性。

美國愛台灣，台灣當然接受；但美國要玩弄台灣，台灣也不能不接受？

民進黨的「抗中保台」，只是一部製造仇恨的機器，而不是可大可久的國家生存戰略。世局巨變至今日地步，台灣主流民意已經逐漸感覺到，即使要做一隻巷戰刺蝟，光憑一肚子的仇恨也是不夠用的，因此蔡政府即使做個假姿態也要增加國防開支，也要延長義務役，然這卻也證實了「仇恨無用／實力為王」。

但是，台灣為什麼要走到做一隻美國刺蝟的地步？為什麼原可做為「矽盾」的台積電在一夕之間就被美中角力變形為必須火速撤離的「矽靶」？台積電必須撤離，這給台灣其他的產業及未來投資傳遞了什麼訊息？別人就活該等著開戰嗎？為何而戰？為誰而戰？票投民進黨，青年上戰場。年輕人及家長們要問：憑什麼要延長義務役？反過來說，若不延長役期，「抗中保台」又如何圓謊？

選季出現「先談如何保台／再談如何抗中」的議論。可見「抗中」其實是台灣共識，但是否要以做為一隻準備巷戰的台獨刺蝟來「保台」，則開票顯示台灣主流民意未必認同民進黨的見解。

在台灣，兩岸關係其實早已從「統獨分歧」轉變成「和戰分歧」。但民進黨不切斷台獨，又鼓吹「拿掃帚打到最後一兵一卒」的戰爭思維，如今已然走到窮途末路。「對外，國家安全，捍衛台灣」的價值體系也告破滅。

「國家安全」及「自由民主」是民進黨標榜的兩大「台灣價值」。如今民進黨真正輸掉的是這些，而絕不只是輸掉一場「地方選舉」而已。

綠倒小夜曲。姑娘喲，妳為什麼還是默默無語。

二〇二二年十二月十八日

智堅辛苦了（上）

蔡英文論文及川普開槍

上世紀末至本世紀迄今出現的最重大的文明議題是：人們驚覺中國操作的專政體制迅猛崛起，相對地，以美國為代表的民主體制則急遽異化、式微，甚至沉淪。兩相對照，以美國為首的西方稱中國為「系統性挑戰」，中國則自詡平視世界，甚至說「東升西降」。

這個真實的場景，與法蘭西斯．福山「歷史終結論」的預言完全相反。但是，迄今仍主宰世界話語權的西方，卻主要仍在詛咒專政體制，而較少見反求諸己地省思檢討民主體制如何及為何出現了這種耗弱沉淪的趨向。

這是一個大歷史的大題目。可從川普的開槍論，與蔡英文及林智堅的論文談起，二者皆是民主的奇觀，也是民主的悲劇。

二〇一六年，川普競選總統期間說：「我可以站在第五大道中間朝某人開槍，而我也不會因此失去選民。」當年，川普贏得了總統大選。

川普這段談話引起了一串辯論。有謂總統若開槍，或許真能獲得刑事豁免，待卸任後追訴云云。擱此不論。但此事更深一層的意味是在，川普竟敢這樣說，這樣相信，而他的「選民」亦不以這類言論為忤，選出了這樣一位民粹狂人總統。如果此事成真，總統當街殺人，但選民仍然支持，這已是超越法律的問題，而涉及了一個終極思考：「這就是美國追求的民主政治嗎？」

川普的憑藉就是這種「開槍也不失選票」的傲慢及狂妄。例如，雖然美國各州各法院判定大選合法，但他仍說選舉被「竊取」，而其支持者亦認同此說。又如，國會山莊案，他似只咬定他沒說出「叛亂」一詞，而完全迴避了事證俱在的操作過程。如今，他的支持者仍期待他在二〇二四捲土重來。問題是：這一場川普風潮究竟是美國民主的躍升或沉淪？

任何人都看得見，美國現今最大的危機，不在中國崛起，而在民主失能。美國自己會把自己搞死。

就事理結構言，蔡英文的論文門較川普開槍論複雜得多。蔡案已經纏訟，但整個事件其實主要是卡在教育部於二〇一九年（論文門風波已起時）突將涉案關鍵文檔設為「機密文件」，規定封存卅年，至二〇四九年始能解密，屆時蔡英文已九十三歲，不知是否尚在人間。

論情論理論法。如果蔡英文光明磊落，而她若確有一本真金不怕火煉的論文，為自身清譽，為回應社會關切及愛護國家，她必定樂於公開一切可以一翻兩瞪眼立即證實清白的證據，豈會竟然出現教育部專案密封總統論文檔案卅年的怪事，反使蔡英文自陷於百口莫辯以致纏訟而助長社會非議的不堪境地。這不是任何正常人會有的作為，更不是一位自愛及愛國的總統應有的風範。

因此，輿論認為，僅以蔡政府教育部特案密封蔡案文檔卅年一事即可說明，其中必定有鬼。

川普的風格是：「我在第五大道對人開槍，也不會失去選民。」但蔡英文顯然自知並無「我即使論文作假，也不會失去選民」的民粹魅力。她的作法是「密封卅年」，窮盡一切國家手段要讓選民無法證實此事的真假。

到了林智堅的論文門，情境更為猙獰。蔡英文是拿不出一本正規的論文，又將關鍵文檔密封卅年，使論文爭議圍繞在有、無、真、假之間。但林智堅「複製／貼上」

的兩本論文，卻已是眾目睽睽與有目共睹，但蔡團隊及林本人仍作睜眼說瞎話的無謂狡辯，蔡英文甚至還為林抱屈稱「智堅辛苦了！」

這樣的意態已接近川普的開槍論。不啻就是要說：「即使盡人皆知林智堅有兩本『複製／貼上』的論文，民進黨也不會失去它的選民！」

然而，民進黨要全體台灣人吞下的不僅是林智堅兩本「複製／貼上」的論文而已，它現在其實是要全體台灣人吞下民進黨經營的整個「深層政府／台獨公司」。如此吃定台灣選民，不啻是要媲美川普鄙視民主、玩弄民主的傲慢與狂妄。

先解釋「深層政府／台獨公司」。

林智堅論文門，牽出了幾條主線：一、私立中華大學董事長李妍慧，她同時斜槓兼任民進黨發言人。她的夫家及家族，是中華大學的主要出資者，也是當地「昌益建設／昌禾集團／昇益開發」的主人。昌益集團是蔡英文總統大選第三大政治獻金提供者，中華大學則是蔡政府的標案大戶。其間，出現「黨／企／學／政／獻金／標案／建商」的連結。

二、中華大學公開對外自稱「不是學店」。林智堅的第一本論文即出自中華大學，指導教授賀力行在昇益開發任高薪獨董。他指導過四七三名碩博士，平均一年近卅名。其間，出現「學店／論文量販指導教授／獨董」的連結。

三、陳明通是民進黨官學兩棲的明星，曾任台大國發所所長，他指導過一七三名碩博生。現任桃園市長鄭文燦及競選桃園市長的林智堅即同門師兄弟。此間，出現「國立台灣大學／官學兩棲明星／涉嫌以國立大學學位放水為政治團夥鍍金」等連結。

這就是具體而微的「深層政府／台獨公司」的真實展現，也是較兩本「複製／貼上」論文更令人驚悚而必須嚴正對待的政治黑洞。中華大學、昌益集團這類元素，正是民進黨「深層政府」寄生之地；陳明通這類明星則涉嫌將學位名器「利益輸送」給同黨團夥，台大也淪為「深層政府」的基地。於是演出「黨／企／政／獻金／標案／建商／學店／黨發言人／論文量販指導教授／獨董／政學兩棲明星／以學位名器放水為政治團夥鍍金／廣建門生黨羽」這個一條龍的「黨／政／企／學」產業鏈，亦即將「學位／論文／門生／標案／獨董／獻金／地方開發」一概統統交易化、商品化，儼然就是一家生意鼎盛的「台獨公司」。

林智堅論文門只是冰山一角，但看懂了論文案，也就可以看懂民進黨正把台灣搞死的整個台獨公司。

川普的開槍論撕裂了美國，但迄今仍有極多美國人認定他就是美國的英雄與救星。許多論者說這其實是美國民主的「台灣化」，這究竟是美國民主的躍升或沉淪？台灣今日面對的，不只在要不要接受兩本「複製／貼上」的論文，而是全體台灣人應思考能不能接受這一家台獨公司？

民進黨彷彿是在挑戰全體台灣人說：「現在大家都親眼看到了，民進黨就是一家台獨公司，但我們也不會失去台灣人的支持！」

這是台灣民主的躍升或沉淪？

二〇二二年七月二十四日

林秉樞化的台獨公司

智堅辛苦了（下）

民主的真諦是什麼？本文（上）篇舉了兩個例子：

一、二〇一六年，川普說：「我可以站在第五大道朝某人開槍，我也不會失去選民。」川普風潮迄今未退，美國的民主真實出現了這樣的川普及選民。

二、相對於川普的開槍論，民進黨在林智堅論文門的姿態，不啻就是要說：「即使民進黨在光天化日下栽贓坑殺余正煌，民進黨也不會失去它的選民。」川普只是虛言恫嚇，民進黨卻是真幹。

但是，這兩個例子究竟是印證了民主的成就與典範，或反而顯示了民主政治也有異化、式微或沉淪的可能。亦即，民主的神聖是否顛撲不破？民主有無可能誤入歧途？

最鮮明的例子是納粹德國。納粹政府是贏得選舉的民主政權。其雪恥論及血統論，迅猛受到民意的擁戴。在相當期間，納粹政權的民主性及民意的支持力可謂相得益彰。但是到了後來，待民意覺醒，國家已被納粹獨裁所綁架並蹂躪。當年那個曾為納粹狂醉的德國是「民主」，而如今在法律上視納粹為惡魔的德國也是「民主」。當年的民主與今日的民主，誰比誰民主？

眼前的事例是烏克蘭。從地緣、血緣及歷史與人文來看，烏克蘭應有「友俄入歐」的可能性，但投機政客與班德拉民粹卻使烏克蘭走向「反俄入歐」的境地，將情勢從「浴血的民主」推向「浴血的國家」。民主神聖，沒有人說烏克蘭人不可追求「國破家亡的民主」，但問題是烏克蘭為何不能建構一個「不必國破家亡的民主」？烏國今日，納粹化，究竟是民主的恩典或民主的悲劇？

德國當年及烏國今天，甚至美國的川普，皆是民主所造就。但也許皆可視為誤入歧途的民主。無人可批評其民主，但有目共睹其錯誤。本文關心的視角是，希特勒、川普、澤倫斯基都有這類演出，試問台灣的民主有無相同的風險？

蔡英文的八一七萬票是重大的民主勝利，卻也是她用以殘害毀壞民主的政治憑藉。略論三例：

一、體制結構：例如，國民黨的中投公司是台積電的創始股東，而台積電的成立亦可完完全全歸功於當年的黨國體制。再如，當年蔣中正總統下野，以國民黨主席身分主持轉運黃金來台，成為台灣經濟命脈，此亦黨國體制的運作。因此，民進黨在清算「不當黨產」時，亦應對其國家功能與社會貢獻進行公允評估，做出符合情理法比例原則的處分。但民進黨對國民黨的清算鬥爭，卻是以解構台灣的政黨政治為目標，這是民主政治的重傷。

二、歷史敘事：民進黨欲以「台獨敘事」，取代「台灣敘事」。例如，認為台灣的民主發展與轉型來自二二八復仇及台獨意識的推進，卻不能公允對待蔣經國親自解嚴而使台灣民主化與本土化得以「寧靜革命」軟著陸的功績。再如，蔣中正在台獨敘事中始終只是二二八元凶，卻對其「反共／保台」的事功一筆抹煞，幾是完全無視今日台灣的成就大有蔣氏的心血。不但不能功過相抵，而且不准功過並呈。歷史，也不准「民主」。

三、政策形塑：當年廢除「刑法一百條」，即在為國家認同的形塑提供民主環境。亦即，台獨也可以談。但回頭看今日兩岸政策，國安五法加反滲透法，使「一個中國」「統一」已成禁忌，隨時都可被戴上「在地協力者」的帽子。其實，台灣的

「統派」已無角色可言，現況是連主張兩岸「和平交流」的民意在法律及政治氛圍的壓迫下，亦無組織及有效發聲的環境。於是，民進黨可以公然操作台獨，但民間卻不能有效組織及主張兩岸和平。只能仇恨，不能和平；只能零和，不能雙贏。如此這般，兩岸政策已被民進黨壟斷挾持，已無民主性可言。

僅舉以上三例，台灣的民主已全盤異化，甚至納粹化，面目全非。

民進黨迄今仍唯以台獨為民主，因此摧毀了中華民國的民主。這種局限，甚至可從歷任民進黨籍的行政院長名單可以看出，如張俊雄、蘇貞昌、謝長廷、游錫堃、賴清德，諸君或有滿腔台獨的憧憬，但只憑兩句台獨八股就想治理台灣，卻在器識境界上欠缺大歷史的全局觀點。

用以上民進黨這個閣揆名單，對比國民黨在台幾位行政院長，如陳誠、嚴家淦、蔣經國、孫運璿、郝柏村、連戰、蕭萬長、吳敦義、劉兆玄、陳冲、江宜樺，再對比其他華人總理，如李光耀、李顯龍，再如大陸的朱鎔基、溫家寶、李克強。其間顯有才能的差異，更有境界的高下。每次聽蘇貞昌的尖酸刻薄，總會令人覺得怎麼會這樣？

台獨人物，熱情比才能重要。以致到了民進黨第二代，甚至不需真有熱情，只要有逢場作戲、顛三倒四的江湖技術即可。以野百合人物來說，如郭正亮的優秀，今日已能得到心智的完整與自由，但如范雲等卻是百合已經凋謝。林智堅可視為成功的林秉樞，林秉樞則可說是失敗的林智堅。

民進黨必須認真思考：以這樣的兩代政治人物，如何使民進黨的國家治理超越一四五〇及大港開唱的層次？

更嚴重的問題是：希特勒是玩真的，澤倫斯基也是玩真的。但台獨卻明明是玩假的。例如，當促轉會將中正紀念堂當作台獨的玩具時，蔡英文卻在做「中華民國不是台獨」的轉型試探。此時，促轉會的台獨儼然才是「深層政府」，但蔡英文卻恐怕吃不起這一頓台獨大餐。

台獨是自欺欺人。台灣的民主成就不了台獨，但台獨卻挾制了民主，毀了民主。於是，民進黨就藉這個台獨騙術，在第一代蘇貞昌的尖酸刻薄中，及下一代林智堅的「複製／貼上」論文中，經營這家生意興隆的「台獨公司」。高懸著台獨的騙局，用愈來愈背離民主的納粹方式來鞏固其政權，而政權成了黨人營生謀利的企業。

面對論文門。不是民進黨撤換林智堅，向全民致歉；也不是林智堅自退，向全黨請罪；而是在光天化日下，以全黨之力公然栽贓坑殺余正煌。

這其實不只是坑殺余正煌的人格，更是陳明通、林智堅的人格自殺，也是殺了整個民進黨的黨格。算一算，這是一屍多少命？

此時，林智堅的人格素質與操作能力已是林秉樞，陳明通也是林秉樞，蔡英文也是林秉樞。但是，民進黨不啻仍志得意滿：我們即使教林智堅「退回學位／競選到底」，民進黨也不會失去台灣人的支持。

納粹政府曾是受到人民狂熱擁護的民主政權。台灣也面臨了「去林秉樞化」的關頭。

二〇二二年七月三十一日

覺青vs.達人

從郭正亮看民進黨

此次選舉與過去相較，顯然出現了較多的綠營「背骨人物」或「省思人物」，在選季發出聲音。

如呂秀蓮、鄭寶清、蘇煥智、郭正亮、吳子嘉、游盈隆、施正鋒等，甚至高嘉瑜及王世堅亦被指為「中共同路人」。且柯文哲也從八年前的「墨綠」轉向「挑染藍／淺藍」。他們在選季對民進黨的有些批評，或兩岸政策，或民主政治，或道德公義，嚴厲且深刻，蔚為此次選舉的特殊風景。

這些出自綠營內部的聲音，擊破了民進黨的外殼，也深刻搗入了民進黨的內核，其意義自與來自外部的批評不同。因此，若能研究呂秀蓮、柯文哲等這些「省思人物」在個人心智歷程上的演化，如何從昨日之我走到今日之我，其實在某種意義上也是對民進黨真實內蘊的深層探索。

這是一個可以做為學術論文的嚴肅題材，但非本文所能及。試以郭正亮為樣例，只能淺論輒止：

郭正亮原已是家喻戶曉的名嘴，他自六月開闢個人時評節目《亮點交鋒》，每週一集，有些單元累計點閱破百萬人次。新節目有此成績，可謂轟動。連對岸的觀察者也對郭及他的節目相當注目，並對之有十分精到的點評。

郭的節目的特質是「知識」，少有一般政論節目的煽情。一個用圖表、文檔、數字、真材實料及多元並呈作基架的時評節目能受如此歡迎，可見台灣的政論觀眾被耽誤已久。但我覺得更大的「亮點」，是觀眾們都非常好奇，昨日那個郭正亮是如何變成今日這個郭正亮的？聽他的時評，也想窺探他的心路歷程。

郭的生涯歷程可分成學術及政治兩條脈絡。言學術，台大機械系，轉心理系，又在社研所攻讀碩士，再取得美國耶魯大學政治學博士，後在台灣幾個大學任教，講授國際政治經濟專題等課程。言政治，他是美麗島事件的第一代覺青，在校即主持學運性刊物編輯，後參與野百合運動，入門為張俊宏的助理，後曾出任民進黨文宣部主任，再任政策會執行長，並曾任三屆立法委員。

一路走來，郭正亮在民進黨主體政策思維上始終不太受繩墨拘束，一九九八主張「大膽西進」，一九九九參與《台灣前途決議文》，二〇〇〇參與陳水扁就職演說兩岸文字，二〇〇六被列為十一寇，二〇一三主張「凍結台獨黨綱」。以上俱見他在民進黨建制內也相當活躍。

郭正亮進台大時碰上美麗島事件，迄今已四十餘年。這四十年來台灣的政治變化，與這四十年來郭正亮的人生變化，其實是可兩相對照並尋找出意義的。

在民進黨，學歷漂亮，政途耀目。但走到今日，郭正亮已然是在輿論場中批評民進黨的超級重磅角色，被視為民進黨中「尚未開除黨籍的黨外人士」。

在世局翻覆中，如何不負人格？這其實是許多政治人物面對的課題。在郭正亮以前已有許多綠營要角脫離或被逐出民進黨而受到矚目，如施明德、許信良這兩位大咖，再如沈富雄、陳文茜、鄭麗文、李永萍等明星，如今呂秀蓮也不啻成了「未被開除黨籍的黨外人士」。他們用生命衝撞歷史，每一個人的故事，其實皆可視為與時代撞擊所發生的強光與巨響，值得留下歷史的記憶。

這個名單的共通特質是「知識與道德」，比如施明德從美麗島事件總指揮變成紅衫軍總指揮。他超越了民進黨，走進了知識與道德的更高境界。

當然，也有從國民黨走進民進黨的人物。比如陳哲男與在高鐵上遺忘三百萬元現金而不敢報失的陳明文。但若與上述沈富雄、陳文茜等由綠出走的人物對照，分明是兩種不同的品類。

本文擇郭正亮為樣例，因為可以做為台灣覺青的人生參照。看他的《亮點交鋒》，可明顯看出他的「要能廣大要能高」（胡適語）。廣，他說他自己做的知識檔案分成三百個門類；高，他從國際博弈來看世局，不是坐井觀天。這種廣與高的知識呈現，可以解釋為什麼當年的黨外覺青能變成今日受到廣泛注目的時評達人。

知識，使郭正亮得到人格上的自由與自尊。他不但超脫了民進黨，也藉著《亮點交鋒》超越了一般政論節目的蝸角之爭。

對照來看，陳其邁、林佳龍、鄭文燦與郭正亮皆是野百合人物，但前三人在政治路上衝撞得變形走樣，范雲更已與野百合時代面目全非。民進黨內一直有是否開除郭正亮的爭議。但開除了郭正亮，恐怕更顯得民進黨形象的不堪。也就不妨將郭正亮視為民進黨內的一朵孤芳共賞的野百合吧。

野百合是因怒對國民黨的威權而生，但今日的太陽花則是眼看著「綠能，你不能」的民進黨而貼上去。青年一輩，林智堅是成功的林秉樞，林秉樞則是失敗的林智堅。尤其大批今日覺青，或淪為大港開唱式的政治側翼，或淪為一四五〇式的攪屎棍。他們視受到民進黨青睞為人生恩典；殊不知，如果你的知識夠高夠廣，別人就不會將你視為政治玩物。如此，民進黨青睞你其實是汙辱你，欺你天真。

從這次選舉可以看出，僅以「柯建銘／鄭文燦／林智堅／沈慧虹／陳明通／李妍慧」等呈現的「產／官／學」政治共生體，及李文忠說的「黑金中常委」與施正鋒說的「廟堂蟑螂」而言，儼然皆是郭正亮說的「蟑螂窩」，他們作威作福、吃香喝辣，為何滾滾覺青卻仍自甘淪為大港開唱式的粉絲及一四五〇式的轎夫這類政治賤民的角色？

看一看郭正亮，再看一看自己。

從施明德到郭正亮，皆經過「見山是山，見山不是山，見山又是山」的心路歷程。他們之中有些仍是「台獨」，但此山已非彼山，更重要的他們皆回到了追求民主自由的本心之山，回到了知識與道德，因此亦自然超越了台獨。由於他們皆是從民進黨內跋山涉水過來的明星，如施明德、許信良及呂秀蓮更曾是創黨的靈魂角色，他們的人生示範就別具意蘊。

其實，郭正亮尚未完全展開自己，他直指民進黨的台獨根本是個騙局，但較罕深入探討兩岸問題，只透露過可注意張亞中的一中三憲。

本文也許對郭有些溢美，但相當珍惜這個典型。畢竟這是他付出了四十年曲折人生的代價，親身見證了這一條荊棘的覺青之路。

呼籲民進黨，看一看郭正亮四十年的覺青生涯，今後應對台灣青年多一些真愛真惜了。別再糟蹋他們。

大港開唱式及一四五〇式的人生，不應是野百合或太陽花的歸宿。

二〇二二年十二月二十五日

解剖賴清德的務實台獨①

論中華民國總統的脊梁

賴清德的國家論述與兩岸思維的主體架構是：要用「務實台獨」來實現「和平保台」。概述其邏輯主脈如下，皆引賴清德親口言語：

我是一個務實的台獨工作者，在任何職務上不變↓台灣國家的名稱叫中華民國↓兩岸關係是國際關係↓台灣與中國互不相屬↓我們是台灣人，不是中國人（賴清德黨部用語）↓民進黨不可廢除台獨黨綱↓希望與中國結為兄弟之邦↓中國應善待台灣↓中國待台灣應似太陽勿如北風↓我希望與習近平共進晚餐，勸他放輕鬆一點，壓力不要那麼大↓我主張親中愛台↓我主張和平保台。

本文將此一邏輯體系稱為「務實台獨和平保台論」。

賴清德是台灣政壇自稱「務實台獨工作者」的第一人。蔡英文迄今幾乎沒有碰過

「台獨」二字，李登輝甚至屢稱「我從來沒有主張過台獨」，連陳水扁操作「正名制憲／一邊一國」，亦未赤裸裸稱自己是「台獨」。可問：究竟李扁蔡比較「務實」，或賴比較「務實」？

賴清德自稱「務實的台獨工作者」，當初看似自己為自己戴上了一頂「既台獨／又務實」的新台獨皇冠，如今卻顯得像為自己套上了一個「台獨不能務實，務實不能台獨」的金箍圈。

賴清德必須解釋：「務實台獨」，如何能實現「和平保台」？

賴清德或許認為，他的「務實台獨和平保台論」是台獨轉型的進階思維。務實台獨是一種「好的台獨」，是一種「親中愛台的台獨」，可與中國成為兄弟之邦；但是他對「務實台獨」的種種定義，如文首所引，卻完全看不出「好的台獨／親中的台獨」的意涵，他可能原想用「務實台獨」跳出台獨的牢籠，不料卻因此反而刷油漆把自己刷到了牆角。

台獨問題糾纏民進黨既深且久，賴清德可能自以為正在為台獨尋找脫身的出路，卻反而是愈描愈黑、愈陷愈深，作繭自縛。一頂自我加冕的務實台獨皇冠，反而變成了他面對大選甩也甩不掉的金箍圈。

本系列文字，不僅在對賴清德的「務實台獨」做一解剖式的評析，更在嘗試探究整個台獨議題的政治因果。以下是務實台獨的幾個主要面向：

一、台灣已經獨立，不必再宣布獨立：當你看到「務實台獨」，直接譯讀為「借殼台獨」或「切香腸台獨」，就是一百分。

賴清德的憲法論述主體，不是中華民國憲法，而是他不斷引據的民進黨的《台灣前途決議文》。略謂：「台灣是一主權獨立的國家……依目前憲法稱為中華民國。」此即借殼台獨的源起。因此，賴清德說，台灣已經獨立，不須再宣布獨立，也不須舉行台獨公投。

但是，依中華民國憲法，中華民國從來就是中華民國；而非原本是另外一個主權獨立的國家，依目前憲法稱為中華民國；亦即，不是由另外一個主權獨立的國家，現在變成了中華民國。

決議文稱，「依目前憲法稱為中華民國」，這是至少知道，國家與國號的成立與存在必須以憲法為根據。因此，若未「正名制憲」，如何能稱「台灣是一主權獨立的國家」？

借殼台獨證明了台獨的虛幻性，沒有台獨的憲法（制憲）、沒有台獨的國號（正名）、沒有民主程序（台獨公投），而篡竊中華民國憲法，篡竊中華民國國號，就公然「鳩占鵲巢／冒名頂替」自稱「台灣是一個主權獨立的國家」，天下豈能有如此買空賣空的勾當？

借殼台獨的禍害更甚於法理台獨。因為，法理台獨，必須經由正名、制憲、公民投票的程序，亦即必須經由民主程序的莊嚴考驗始能實現；但借殼台獨卻是在政治操作下，迴避憲政程序，矇騙人民、挾持人民，溫水煮青蛙，狸貓換太子，則是根本違反民主原則，因此借殼台獨的禍害更甚於法理台獨。

「務實」二字，至少有「敬畏事實／實事求是」之義。敬畏事實，就應捍衛中華民國；實事求是，就應維護中華民國憲法。這就是「務實」。

中華民國不是由台灣國變來的，也不要把中華民國變成台灣國。這才是「務實」。

一九九九年，《台灣前途決議文》是因應陳水扁競選總統而出台。因此，以借殼台獨為台獨轉型的第一步，或許可稱「務實」。但是，如今民進黨經陳水扁、蔡英文兩人，已任中華民國總統十六年，如果仍以「借殼台獨」來面對中華民國，及用《台灣前途決議文》來操作台獨，這難道是「務實」？

何況，賴清德說，民進黨不能廢除台獨黨綱，就是仍以台獨黨綱為民進黨的神主牌，則莫非更加證明了賴所依據的《台灣前途決議文》，其實只是台獨黨綱的「借殼上市」。尤其，如果賴清德指這種「仍維持台獨黨綱」的台獨竟仍可稱「務實台獨」，將如何自圓其說？

「務實台獨」最不「務實」處，即在主張「台灣是一主權獨立的國家，依目前憲法稱作中華民國」。明明有一個好好的中華民國，卻說中華民國是由「台灣國」變來的，但那個所謂主權獨立的「台灣國」卻完全無憑無據。這是「務實」嗎？說務實，只能務中華民國之實。把無憑無據的台灣國說成是依目前憲法稱為中華民國。這是自欺欺人，也是治絲益棼。

是台獨，就不可能務實；要務實，就不能台獨。賴清德必須先搞清楚：「務實台獨」，究竟是不是「台獨」？若仍是台獨，如何務實？若不是「台獨」，則為什麼不能直接承認中華民國原原本本是一個主權國，而不只是借給「台灣國」的一個空殼名號而已？

一個國家必須有一部憲法做為脊梁，中華民國以中華民國憲法為脊梁。一國的總統，亦應以國家的憲法為脊梁，因此中華民國總統應以中華民國憲法為脊梁。

賴清德若只是民進黨主席，他當然可以「台獨黨綱／台灣前途決議文」為脊梁。但倘若賴清德當選了中華民國總統，他就應當以中華民國憲法為脊梁，不能用「借殼台獨」、「切香腸台獨」來掏空中華民國。否則，就是違憲，就是叛國。

賴清德必須在「借殼台獨」與「中華民國」之間做一判然的選擇，亦即在「中華民國憲法」與「台灣前途決議文」之間做一判然的選擇。

借殼台獨，一方面重傷了中華民國與中華民國憲法，一方面又不能建立台灣國及台灣國憲法。兩頭落空。

中華民國總統應當以中華民國憲法為政治脊梁。這是本系列文字的中心意旨，請讀者亦用此一意旨來評閱全文。謝謝。

二〇二三年六月四日

解剖賴清德的務實台獨②

九二共識的澡盆與嬰兒

續論「務實台獨」的幾個主要面向：

二、否定九二共識：藍綠雙方在九二共識的分歧，已演成一場「澡盆與嬰兒」的爭議。賴清德主張丟掉「一中各表」的嬰兒，所以必須甩掉九二共識的澡盆。藍營的主流觀點則是，為了保住「一中各表」的嬰兒，所以應當留下澡盆。

九二共識，爭議的焦點在「一中原則」。二〇〇〇年陳水扁就任總統之初，曾公開表示接受「一個中國／各自表述」的九二共識；但就在第二天，顯然是回應獨派的壓力，時任陸委會主委的蔡英文推翻了這個說法，並稱「兩岸從無『一中原則』的共識」，此後民進黨即一路反對九二共識。後來，蔡英文並以「根本從來沒有九二共識」做為二〇一二、二〇一六競選總統的主軸政見。

二〇一六，蔡英文當選總統，民進黨與中共在九二共識的頂牛進入攤牌階段，蔡英文立即出現轉彎的跡象。首先，她宣示了憲法立場：「依據《中華民國憲法》（這是暗示憲法一中）和《兩岸人民關係條例》（這是暗指一國兩區）處理兩岸事務。」這可謂是用《中華民國憲法》來闡釋「一中原則」，亦即「一中各表」。

因此，她也從「根本從來沒有九二共識」的極端，開始轉彎。她說：「在一九九二年，兩岸兩會秉持相互諒解、求同存異的政治思維進行溝通協商，達成了若干共同認知與諒解，我理解並尊重這個歷史事實。」

時任民進黨祕書長的吳釗燮在華府演說亦稱：「民進黨從未否認一九九二年的兩岸會談，也將追隨相互諒解、求同存異的會談精神，推動兩岸關係。」

此際，蔡英文轉彎後的立場是：不要叫「九二共識」，可稱「九二會談精神」（這是澡盆）；不要說「一中各表」，可稱「求同存異的共同認知與諒解」（這是澡盆中的嬰兒）。

北京顯然看出蔡英文在試圖轉彎。但中共並未因勢利導，協助蔡英文平順轉彎，反而在「沒有九二共識就地動山搖」的高壓之下，強要蔡英文吞下「九二共識」四字，而且自此將原稱「求同存異的九二共識」，移向「體現一中原則的九二共識」，至二〇一九年一月二日，習近平談話又升高至「共謀統一的九二共識」，並再宣示「一國兩制／和平統一」。

當時，在香港反送中的風潮下，蔡英文為了大選，遂將「九二共識」與「一國兩制」掛鉤，從此「九二共識／一國兩制」在台灣遂成過街老鼠。

中共這一段對九二共識的操作，是大敗筆。北京似乎認為，為了對民進黨極限施壓，不但要反台獨，也要堵住「一中各表」，使民進黨在中華民國也無出路，因此在二〇一七年將「一中各表」定為新聞禁忌語。

但是，中共壓制「一中各表」，第一個效應卻是使台灣的反獨勢力因失去支撐而解構。因為，反台獨，只是對付民進黨；壓抑「一中各表」，則是疏離了多數主張兩岸和平的台灣人，民心走向「懼統容獨」。

這是中共自己搬磚砸腳。在馬英九和胡錦濤時代，國民黨說「一中各表的九二共識」，與中共說「求同存異的九二共識」，兩者可說就是同義語。在這樣的九二共識下，馬英九三不五時就說「九二共識／一中各表」、「不統／不獨／不武」，但兩岸簽定了二十三項協議（包括ＥＣＦＡ），台灣連續八年以觀察員參加ＷＨＡ，並以「馬習會」推向顛峰。由此可見，「九二共識」這個澡盆，與「一中各表／求同存異」這個嬰兒，確有同時保全的可能。如今卻因中共缺乏戰略定力，打壓一中各表，落到今日破鏡難圓的境地。十分可惜。

於是，現在又見到中共開始轉彎。二〇一九年一月二日習近平談話後，國台辦多次出面救火。二〇二二年七月，國台辦發布《「九二共識」系列微講座》，完整呈現了海基會在一九九二年十月底提出的「第八方案」，可謂藉此確認了「一中各表」是九二共識的原始組成元素。

國台辦引據海基會的第八方案說：「在海峽兩岸共同努力謀求國家統一的過程中，雙方均堅持一個中國的原則，但對於一個中國的涵義，認知各有不同，並建議以口頭聲明方式各自表述。」

這就是原汁原味的「一中各表／求同存異」，中共原想壓制，現在又調回頭來了。

第八方案呈現了「九二共識三元素」，亦即「共謀統一／一中原則／一中各表」。中共強調「共謀統一／一中原則」，以連戰及馬英九為代表的藍營主流意見則偏愛並堅持護守「一中各表」。只要守住「一中各表」，也就能節制「共謀統一／一中原則」。因為，「九二共識」只是一只澡盆子，「一中各表／求同存異」才是盆中嬰兒。

中共顯然已經警覺，沒有「一中各表」，台灣的反獨勢力即無支撐，中華民國亦將不保。此際，應是中共最希望能保全中華民國的時刻。因此，馬英九此次訪陸完全是一趟徹頭徹尾的「一中各表之旅」，而國台辦對此行的評語居然是：「馬先生此訪，更再次證明『九二共識』是兩岸關係和平發展的定海神針。」

國台辦的這段評語，應顯示「一中各表」又回到「九二共識」。注意，這也是中共首次稱「九二共識是兩岸關係『和平發展』的定海神針」。可見中共的調子已從統一的「目的論」轉向了和平發展的「過程論」。

然而，中共正在做轉彎的試探，這回卻換成賴清德不准中共回頭。他迄今並未接受蔡英文所說「依據《中華民國憲法》處理兩岸事務」，如系列①所論，他的憲法架構不是「憲法一中／一國兩區」的《中華民國憲法》，而是《台灣前途決議文》的借殼台獨，他為了扼殺「一中各表」的嬰兒，所以必須砸爛「九二共識」的澡盆。

九二共識就是一只澡盆，爭議澡盆的名稱並無太大意義，應當留意澡盆中的嬰兒。就原汁原味來說，沒有一中各表就沒有九二共識，沒有中華民國就沒有九二共識。只要澡盆裡嬰兒能保留「一中各表／求同存異」的DNA，即使看那只澡盆不順眼，也不應摔死這個嬰兒，因為「九二共識澡盆／一中各表嬰兒」是兩岸關係和平發展的定海神針。

項莊舞劍，意在沛公。賴清德看似只是砸破澡盆，實際上卻是要謀殺嬰兒。這正是當下呈現的真實景象。

二〇二三年六月五日

解剖賴清德的務實台獨③

反共不反中

續論「務實台獨」的幾個主要面向：

三、反共不反中：「反中共／不反中國」，這是川普政府出台的戰略語言，由國務卿龐培歐提出。至拜登政府，眾議院以壓倒性的票數成立了由共和黨倡議的「美國與中國共產黨戰略競爭特設委員會」，這個古怪的名稱亦在標榜「中共非中國」。

其實，最早提出「中共非中國／反共不反中」的應是一九八〇年代任新聞局長的宋楚瑜。未料此語如今非但成為美國的「國策」，甚至成了「務實台獨工作者」賴清德的政治標語。

賴清德的警覺是對的。因為，他欲以「務實台獨」實現「和平保台」，這不只是民進黨與中共之間的問題，也是「台灣」與「中國」之間的問題，他必須面對五千年歷史文化積澱的中國；更也是「大陸十四億中國人」與「兩千三百萬主要源自中國的台灣人」之間的問題，他必須面對十四億中國人的回應。亦即，他必須面對中共，也必須面對中國。

台獨的最大盲點就在以為只要對付中共，卻不知必須更加在意經歷五千年歷史文化滄桑的中國，尤一向漠視十四億中國人在民族意識上的自卑與自尊。台獨不只衝撞中共，更直接挑釁了五千年的中國，與十四億中國人。

系列①引述了賴清德「務實台獨」的內涵。「台灣國家的名稱叫中華民國／兩岸關係是國際關係／台灣與中國互不相屬／我們是台灣人，不是中國人」等等。請問：這些算是反中共？還是反中國？

台獨的最大表徵，就是與五千年中國歷史及十四億中國人為敵。論者有謂：回思三十多年前解嚴，大陸人民大多仰視台灣，後來漸漸平視，然後俯視，近幾年已轉為輕視甚至仇視。理由無他，就是台獨。

賴清德說反共不反中，以示好中國與中國人。但如今的現實卻是：如果不是中共壓制，大陸十四億中國人對台灣的仇視必定更為嚴重，皆因台獨。

台獨說，我們不是中國人，但十四億中國人不會放過你是數典忘祖的中國人；賴清德說，我不反中，十四億中國人卻說，我們反台獨。

其實，賴清德與其主張「反共不反中」，不如先做到「反國民黨不反中華民國」。民進黨擊敗國民黨而取得中華民國政權，這是民主運作；但取得政權後，卻操弄借殼台獨，掏空中華民國，卻是革命造反的行徑。

莫以為玩弄借殼台獨只是台灣自己的事。歷史課綱把中國史併入「東亞」，把台灣「南島民族化」，這些將「中華民國外來政權化」的動作，在中共及十四億中國人眼中皆是「去中國化／台獨化」。

賴清德只因一個嘉南大圳，三不五時就在八田與一銅像前打卡屈膝行禮，但對在台灣興建近百座水庫的蔣介石、蔣經國卻不能公平評價。這是來自偏頗的台獨史觀，而絕非出自全方位開放的中華民國史觀及中國史觀及世界史觀。

賴清德若真的不反中，首先不要反中華民國，不要搞借殼台獨。台獨，是反共反中也反中華民國，中華民國才是反共不反中。

四、由務實台獨到和平保台：我搞台獨，但我不反中；我搞「借殼台獨」，但我要「和平保台」。這不是笑話，而是賴清德的戰略思想，台灣政壇過去尚未見過如此自相矛盾的頂層政治論述。

「票投民進黨／青年上戰場」。正因賴清德要搞「務實台獨」，所以民間憂慮不能「和平保台」，反而「引戰禍台」。

台獨不是備戰或避戰，而是引戰。這已是略知台海皮毛者的常識。兩岸兵凶戰危。台灣要做的是建立正確的「政治戰略」，止戰於境外。而絕不是操弄台獨，祭出巷戰刺蝟的「軍事戰略」，引戰於境內。

政治戰略應當先於並高於軍事戰略。堅守中華民國與中華民國憲法就是最佳的「政治戰略」，中華民國與中華民國憲法就是最佳的國防，這是止戰於境外。

台獨則是最壞的「政治戰略」，台獨也是最壞的國防。台獨只會引戰於境內。去台獨，才能「去風險化」。

昔稱「七分政治／三分軍事」，是在討論政治戰略與軍事戰略的對應關係。以兩岸關係論，台灣的「政治戰略」必須要有「和平止戰」的作用；軍事戰略則當然必須備戰，但亦應有「和平避戰」的作用，不可引戰。

但是，如今賴清德卻以「務實台獨」為「政治戰略」，這是「引戰」；而又以不斷軍備競賽並宣示以刺蝟巷戰為「軍事戰略」，這更是草螟弄雞公的「引戰」，愈備戰只會愈增加開戰後的慘烈殘酷。

一切的軍事戰略，皆必須服務於一個頂層的政治戰略。賴清德以務實台獨為頂層政治戰略，他的軍事戰略就必須能夠一路掩護務實台獨的進行，並在因此引戰後，確定在戰後可以實現台獨。但是，如果他的「政治戰略／軍事戰略」不能維持這樣的相互支撐，亦即「務實台獨」終究不能「保住台獨」，這樣的「政治戰略／軍事戰略」即不能立足。

例如，系列②所論「九二共識」就是攸關「政治戰略」的課題。如果九二共識沒有一中各表，當然不能接受為政治戰略；但若九二共識維持了一中各表，就是值得維持的政治戰略。

賴清德說，接受九二共識就是投降主義，喪失主權，那要看如何定義九二共識。民進黨也曾說，接受「中華台北」就是投降主義，喪失主權。但張忠謀以蔡英文的代表在APEC發言，口口聲聲自稱「中華台北」，這是不是投降主義？這是不是喪失主權？難道這是「中華台北能／九二共識不能」？

民進黨過去說，「九二共識沒有一中各表，沒有中華民國的空間」，所以不能接受九二共識。這是正確的政治戰略。

但如今在歷經波折後，馬英九此行印證了「一中各表」已有回來的可能，並成為

「兩岸關係和平發展的定海神針」，賴清德竟然故意漠視這個轉折，仍硬要把九二共識綁在一國兩制上，堅拒將九二共識轉回「一中各表／求同存異」的原型。這樣的「政治戰略」，究竟是深厚還是淺薄？

全民都應嚴肅思考政治戰略與軍事戰略的對應結構。賴清德的主張是以「務實台獨」來實現「和平保台獨」。但另一種思維則是，以「中華民國」來實現「和平保中華民國」。和平止戰，保住了中華民國，就能和平保住台灣。

中華民國是杯，台灣是水；杯在水在，杯破水覆。

二〇二三年六月十一日

解剖賴清德的務實台獨④

不可夢遊進入台獨

民進黨搞台獨搞了幾十年，浮浮沉沉，反反覆覆，如今在蔡英文與賴清德換手之際，竟然呈現了兩大成就：

（一）讓台灣被美國挾持成阻滯中國崛起的巷戰刺蝟。（二）使對岸廣大的中國人對台灣由友善轉為仇恨。

在進一步析論前，必須再申系列①提出的中心意旨。亦即，民進黨主席賴清德可以「台獨黨綱／台灣前途決議文」為脊梁，但若賴清德準備競選中華民國總統或當選了中華民國總統，他就應當以中華民國憲法為脊梁。兩種人設，不可錯亂。

台獨如今為何會搞出前述的兩大成就，根本原因可謂就是用「台灣前途決議文」在中華民國執政，掏空了中華民國憲法。申論如下：

先論（一）。美國說，不支持台獨，反對任何一方片面改變現狀。

這至少是美國的「說一套」。可見美國也至少在避免搞成「倚美謀獨」的局面，所以「不支持台獨／反對改變（中華民國）現狀」，仍是美國迄今不敢輕易放棄的美中台「護欄」。

因此，民進黨雖然必須爭取美國的支援，卻也不必玩成「倚美謀獨」的局面，而大可仍然維持國民黨自一九四九年以來「倚美謀維護中華民國」的一貫路線。倚美可，謀獨不可，這就是「眉角」。

亦即，對美國來說，台灣挺住中華民國就夠了，搞台獨反而改變了現狀，可能成為「麻煩製造者」；但民進黨卻不放棄「借殼台獨／切香腸台獨」的姿態，用意之一只在表態，展現「借殼台獨」比「中華民國」對美國更加忠貞。

美國口稱「不支持台獨」，民進黨則以台獨加碼諂媚美國。美國只要五毛，但台獨卻給了一塊。

因此，美國就在「不支持台獨」的護欄下，順水推舟地利用了民進黨的「倚美謀獨」，這就成了美國的「做一套」。

因為，台獨對中國最有敵意，也最能成為對中國引戰的誘餌，因此也最能配合美國要壓制中國崛起的戰略。於是，台灣就成了一隻美國刺蝟，就要準備巷戰。

但巷戰就能實現台獨嗎？這絕不可能在美國的終戰想定之中。巷戰的目的，只在藉台灣的廢墟化以阻滯中國崛起的進程，正如以烏克蘭的廢墟化來耗弱俄羅斯。

這就是民進黨第一個大成就，即自動用台獨投懷送抱被美國挾持成扼殺中國崛起的巷戰刺蝟。但這不能實現台獨，而是自我作踐。

再論（二）。用中共的術語來說，台灣若「倚美謀維持中華民國」，也許仍可稱為「人民內部矛盾」。但是，「倚美謀獨」卻必定是「敵我矛盾」。

台灣與大陸抗衡，能夠相持的唯一因素就是民主自由的對比；最應避免的則是用台灣南島化的民族切割手段，對抗五千年大一統中國的民族主義。

也就是，應當用中華民國（我是中華，也是民國），來應對中國大陸，而不是想用台獨來切割中國。

系列③談反共不反中，「反共」即是以民主自由與中共相持，「不反中」即是不要用台獨與五千年的中國和十四億中國人為敵。

中華民國，愈「中華」，「民國」愈有力量。但愈脫離「中華」，搞台獨，「民國」就成了「中華民族之公敵」，失去了能量。

民國而中華，應可盡力爭取十四億中國人對台灣的共情，因為中華民國為中華民族保留了自由民主的種子；不中華又假民主，將使中國人對台灣轉向輕視與敵視。

然而，不幸的是，這幾年來民進黨的另一大成就，就是使對岸中國人原本對台灣的友善轉為仇恨。

更應警惕的是：近幾年來，民進黨不但愈來愈「不中華」，尤其愈來愈「假民主／假民國」。

借殼台獨就是假民主。系列③指出，若要搞台獨，在百分之百的言論自由下，就應明示台獨目標，經由憲政程序，正名、制憲、台獨公投，亦即經過莊嚴的民主辯證程序來實現台獨，如西班牙加泰隆尼亞或英國蘇格蘭所為。但是，民進黨如今所採卻是「借殼台獨」、「切香腸台獨」，矇騙人民、裹脅民眾，溫水煮青蛙、狸貓換太子，想帶著台灣像夢遊一般糊里糊塗地進入台獨。

種種裹脅的手法極為骯髒。設一個御選的促轉會就利用東廠來摧毀反台獨的在野黨，設一個御選的NCC就將一家旗幟鮮明的反台獨電視台吊銷執照，操縱檢察系統就以王立強案玩弄成反中大選，玩捏《國安法》就用「在地協力者」的紅帽子使眾人噤若寒蟬，更動不動就稱異議者是「中共同路人」。類此種種，罄竹難書。這種台獨不是真自由，這也是假民主，更是假民國。

現屆民進黨政府是解嚴後民主法治倒退最嚴重的政權。卡管案不是「個案」，而是呈現了一個「蟑螂窩」；林智堅不是個案，也是一個蟑螂窩；im.B不是個案，也是一個蟑螂窩；高端不是個案，也是一個蟑螂窩；八十八槍不是個案，也是一個蟑螂窩；能源爭議不是個案，也是一個蟑螂窩；連「輝哥」的性騷案，也挖出四處皆是蟑螂窩……這些蟑螂窩裡看不到民主，看到的只是分贓、標案、腐敗、貪汙、枉法、失能、黑金、政策賄選，與無法無天無民主無民國。

然而，兩岸抗衡，台灣唯一可以相持的就是民主。但是「切香腸台獨」不是民主，而是「夢遊式台獨」。撇開台獨，又處處皆是前述吞噬民主的蟑螂窩。這樣的「民國」如何與對岸抗衡？這樣的民主如何能台獨？又如何能中華民國？

本文願留下一句警語：切香腸的借殼台獨，根本不是民主的台獨，而是麻醉人民的夢遊式台獨。

「中華」被掏空，「民國」毀民主。這就是民進黨搞的中華民國。

賴清德的「務實台獨和平保台論」根本不能立足。務實台獨不可能與中國成為兄弟之邦，不能和平保台，而將是「引戰禍台」。然而，本文認為，賴清德並非沒有贏得二〇二四大選的可能，正因這幾年來「中華民國台灣」的政治催眠已經搞成了「夢遊式台獨」。

民進黨否定九二共識，刷油漆把自己困在牆角八年。如今，賴清德尤表現出一副比蔡英文更否定九二共識的架勢，尚不知他能否當選總統，但他已向全民預告，別指望他會從自刷油漆的牆角走出來，因此也別指望台獨走得出來，更別指望中華民國走得出來。

賴清德醒一醒：台灣不可能「和平保台獨」，但可以力爭「和平保中華民國」。

寄語任何當選二〇二四中華民國總統者，中華民國總統應以中華民國憲法為政治脊梁，包括賴清德在內。

二〇二三年六月十二日

第二部

台灣不是烏克蘭
中國不是俄羅斯

俄烏戰爭，猶如兩岸戰爭的轉場演出，烏克蘭代台灣演餌，普亭則代中共演吞餌者。

不可只從烏克蘭的外部因素看這場浩劫。從烏克蘭內部政治往外看，即知烏克蘭政治的民粹化、納粹化及北約化，實為這場戰爭的主要禍因。烏克蘭的「內殺型轉型正義」與台灣的「內殺型台獨」，是同一類型。

兩敗俱傷，魚死網破。台灣不走烏克蘭的路，中共別跳進美國的坑，兩岸別上美國的當。

政治攤牌觸發軍事攤牌

國防預算買不到國家認同

國防部長邱國正十月六日在立院的答詢可歸納為：①國防的迫切性就在眼前，沒有五、六年時間。②現在中共就有能力攻台，但要考量付出多少成本。③到了二〇二五年，成本、耗損率就可壓到最低，稱為全能力。

狼來了，已經在門口。牠現在就有能力撲進來，也許仍有其他考量。但到了二〇二五年，就有撲進來的「全能力」。

立委請邱國正自己與吳釗燮比。邱說，我不說狠話，只說實話。此時，他正在爭取用於軍備競賽的國防預算。

國防部長的實話告訴我們，兩岸已經面臨軍事攤牌的態勢，是現在進行式。邱太三稱為「準戰爭布局」。

眼前的兩岸軍事攤牌，是因政治攤牌而起。

台灣面對中國大陸，有兩種政治戰略。①用中華民國來面對大陸。②用台獨來面對中國。

民進黨的政治攤牌，要用台獨來面對中國。

「務實台獨」就是民進黨的政治戰略。表面上，揹著中華民國的殼，但實際上用「去中華民國化／去中國化」來推進台獨。

「務實台獨」（現已正式定型為「借殼台獨兩國論」）是一個大工程。例如：①解構台灣的政黨政治。不擇手段地對國民黨抄家（沒收黨產）滅族（轉型正義）。因為，對民進黨而言，國民黨是可能促成兩岸和平競合的主要隱患。②塗銷歷史與文化的兩岸連結，將中國史推到東亞史，中國對台灣而言，成了像荷蘭、日本一樣的出現在「東亞」的偶生元素而已。③推動形形色色的正名運動，如「台獨兩國論」、「中華民國台灣」、「中華民國新生論」、東奧正名，甚至想改中研院為台研院。④解構反台獨的民間力量，如國安五法、反滲透法，關掉中天電視台。⑤摧毀中正紀念堂，切斷台灣與中國大陸的主要精神對照與連結。以上，不一而足。

民進黨認為，「去國民黨化、去孫中山化、去蔣介石化、去中華民國化、去中國化」，都是台灣內部政治鬥爭的伎倆。此即「內殺型台獨」。

賴清德之類認為，中共可以理解這種「務實的台獨」。因此，他主張「親中愛台」，「一個進步的台灣，可以帶動一個繁榮的中國」，似乎認為「我搞務實台獨，對中國無惡意」，公開希望「中國扮演太陽，對待台灣像太陽一樣溫暖」。

但是，中共卻不解風情，不像賴清德那麼浪漫，而是用更「務實」的心態來面對「務實台獨」。

對於中共來說，如台獨「解構中正紀念堂」這類動作，不只是台灣內部政爭的問題，在骨子裡其實是「去中華民國化／去中國化」的台獨工程，用以掏空中華民國，與「中國」脫鉤。

對中共來說，民進黨這些刨根掘底的動作，當然是以台獨做政治攤牌，因此觸發了軍事攤牌。

至此，民進黨的「外擊型台獨」推車撞壁。

於是，在兩岸面臨軍事攤牌的此際，民進黨更須負責任地向兩千三百萬台灣人攤牌。亦即，必須告訴我們：

當民進黨可能將台灣帶入兩岸戰爭時，台灣究竟是以中華民國迎戰中共，或是用台獨（務實也罷）迎戰中共？

這個問題攸關憲法定位及國家認同，是兩岸戰爭的正當性必須確立的基礎。為何而戰？為誰而戰？台灣子弟在進入戰場時，他們有權利知道，究竟是為中華民國而戰，或為台獨而戰？

這個憲法定位與國家認同的問題，不是用國防預算買得來的，也不是用軍備競賽能夠確立的。

國防預算能夠買來全體台灣人願為台獨而戰嗎？軍備競賽又能夠療癒因內殺型台獨而肢解得四分五裂的中華民國嗎？

邱國正也許可以買武器，但他買不到團結一致英勇迎戰的國家認同。買不到中華民國對台獨的國家認同，也買不到台獨對中華民國的國家認同。兩頭落空。

再者，一旦面臨戰爭，民進黨希望國際介入，因此也有責任向美國及國際攤牌。要告訴美國及國際：這場戰爭是為捍衛中華民國而戰，或是為了台獨而戰？不說清楚這些，將令國際師出無名。

其實，在「既成事實」的理論下，台灣沒有軍事攤牌的條件，愈極端的軍備競賽，在引爆戰爭時，將招致台灣愈嚴重也愈迅速的毀滅性後果。

民進黨給人民的信心是「戰到一兵一卒／在家當兵／游擊戰／巷戰／戰到底／用掃帚跟他拚／刺蝟／豪豬」，這些話聽來悲壯，但其實是悲涼。

打到一兵一卒兩千三百萬人總玉碎，那又如何？

由上文淺論可見，軍事攤牌是因政治攤牌所致。化解戰爭危機的方法就是：要用中華民國來面對中共，不能用台獨來面對中共。

邱義仁說：「除非瘋子才搞台獨。」白宮國安會印太事務協調總監坎伯說：「美國不支持台灣獨立。」這兩句話說明了台獨的真實處境。

蔡政府如今全力渲染軍事攤牌的危機，卻不敢誠實面對其政治攤牌的失敗。台獨不能解決兩岸政治困局，反而迎來戰爭。

用中華民國面對中共，根據中華民國憲法，是民主體制與專政體制之爭。若就三民主義而言，這是「民權主義」之爭；若用中共的語言來說，這應是兩岸之間的「人民內部矛盾」。

用台獨面對中共，不但背離了中華民國憲法，也成了台獨挑戰中國之爭。若就三民主義言，這成了「民族主義」之爭；若是用中共的語言來說，這就是台獨與十四億中國人的「敵我矛盾」。

兩岸對立，台灣只能靠「民主主義」，不能玩弄「民族主義」。兩岸的戰與和，本應奇正互用。中華民國可戰可和，台獨卻只能戰不能和。台獨為何非要挾持台灣一路走到黑？

再以兩岸最難解的「統一」議題而言。中華民國雖必須面對統一的憲法議題，但可以主張用「統一公投」等機制來節制及管理統一的內涵與進程。如此，「統一」反而可以轉化為一種防禦手段。台獨則主張用台獨來對抗統一，希望「中國對待台灣像太陽一樣溫暖」。

中華民國是站在中華民國憲法上，面對台灣，面對中共，面對十四億大陸人民，並面對美國及國際（美國也不支持台獨）。台獨則背叛中華民國憲法，撕裂台灣，挑戰中共，與十四億人不共戴天，並與國際的地緣政治架構扞格（台獨是麻煩製造者）。二選一，台灣要如何與中共政治攤牌？

保衛台灣，軍備競賽是提油救火。只要不搞台獨，就是最好的國防；只要維持中華民國，就是最好的國家安全方案。

端正政治攤牌，即可化解軍事攤牌。

二〇二一年十月三十一日

橫看成嶺側成峰

台灣像不像烏克蘭

台灣像不像烏克蘭？橫看成嶺，不太像；側成峰，很像。

本文仍然主張，不能只從外部的國際地緣政治朝烏克蘭裡面看，也應從烏克蘭的內部政治朝外看。試從三個角度，比較台烏異同。

一、從外向裡看，無疑是俄國侵略烏克蘭。這是台灣多數民意的觀點。烏國被侵略，自當同情共情。

但是，若從烏克蘭內部政治向外看，則基輔政府其實是阻擋種族及地域自決獨立運動的當局，既不承認克里米亞公投回歸俄羅斯，又不承認頓巴斯兩州分離為新而獨立的國家，但簽認《明斯克協議》接受兩州高度自治（可比一國兩制）。

由是觀之，若從反對獨立運動的視角看烏克蘭，台灣應別有領悟，反而恐應對克里米亞及頓巴斯二州同情共情。且烏國在如此窘迫的內外處境中，尚不容出現獨立分離事件，可想中共會如何面對台獨？

烏國今日情勢，簡化地說，可說是內部政爭的外部化，「出口轉內銷」，終於招來外患。

二〇〇四年的橙色革命，使「親歐和俄」的路線終結，轉向「脫俄入歐」，並深刻嵌入選舉操作。於是，反俄仇俄的民粹狂飆，逐漸出現「轉型正義」，激進狂熱的街頭運動愈演愈烈，拆紀念碑、推倒銅像，並形成以「去俄羅斯化」為主軸的政治風潮，社會撕裂已不可逆轉。

俄國的回應是在二〇一四年製造克里米亞回歸及頓巴斯兩州叛離；這使民間反俄情緒更加激越，政客與民間遂以仇俄恨俄相互綁架，散播納粹化史觀，並將加入歐盟及北約入憲，禁俄羅斯語，又關閉了三家親俄電視台。於是，今日終告攤牌，俄烏開戰，就是這種內因外緣相互激盪的結果。

照理說，烏克蘭與俄羅斯本為同源的民族（這是和平的本錢），而烏克蘭又為獨立的國家（這是自衛的保障）。烏克蘭應當具有「親歐和俄」的最佳條件。但是，在政客與民間激進力量的相互激盪與相互綁架下，再加上俄國操作，竟使國家分裂（克里米亞），且在頓巴斯發生內戰（雙方互控「種族滅絕」，相殘已歷八年，死亡一萬五千人），如今更使國家淪為血腥戰爭砧板。

總結而言，主要原因即在烏國的民粹政治深陷「內殺型的轉型正義」而不能自拔所致，這種「內殺型的轉型正義」，主要是撕裂了國家，扭曲了人民對國家生存戰略的理性認知，結果是國家破碎，又招致外敵侵略。

台烏對照。烏克蘭的「內殺型轉型正義」，與民進黨的「內殺型台獨」堪謂異曲同工。二者皆淪為內部政治鬥爭（內殺）的工具，並因此喪失了對外和平。

二、澤倫斯基是國族英雄或國難製造者？俄烏戰爭剛爆發，傳出美國欲協助澤倫斯基離開基輔，他回答：「我們需要的是彈藥，而不是搭便車。」一句話，為整個情勢落槌定調，澤倫斯基也一夕成為舉世公認的英雄。但是，這只是從外向裡看。

澤倫斯基未在生死關頭落跑，固然使這場悲劇沒有變成鬧劇，這樣的風骨在任何國族皆值得慶幸與肯定。但是，這完全不能抵消他的政府對這場國難的應負罪責。

若從裡向外看，澤倫斯基其實正是這場國難的製造者。在他以政治素人於二〇一九年當選總統前，烏國的內外走勢已漸成形，內部以種族仇恨撕開歷史傷口又大把撒鹽，對外亦以民族仇恨升高「脫俄入歐」。澤倫斯基在這種情勢下以七三％的高票當選總統（二輪投票），他享受了這樣的「民粹便車」，卻或無心、無力、無智、無能引領烏克蘭脫離這個眼看必然翻車的軌轍，以致演成今日下場。亦即，對內玩火，對外自焚。

如今回顧，這場國難只是烏克蘭民粹政治災難的「出口轉內銷」，澤倫斯基做為國家領導人，難辭其咎。

可以這麼說，如今有人視澤倫斯基為英雄，但他其實也是國難製造者。這場國難仍必須從內向外看。

在此，台灣可以思考的是：台獨是國族英雄？或將是對內玩火、對外自焚的國難製造者？

三、就國家生存戰略論，如季辛吉所言，烏克蘭為什麼不能「做東西溝通的橋梁」，而非要「做大國對抗的前沿」？

主要原因是，烏國朝野以「入約入憲」的民粹政治相互捆綁，作繭自縛，而寄望以歐美的外力支援來維持這個民粹泡沫不致破滅。但當俄羅斯要各方提出烏克蘭不入約的「書面保證」時，已是「哀的美敦書」。

面對戰爭攤牌，澤倫斯基在一月間稱，加入北約不是野心而是國安考慮，這是國家主權的表現。但他也說，當下尚非公投入約的適當時機。（看台灣，主張台獨，但不公投，多麼像。）

及至兵燹四起，澤倫斯基說「打了廿七通電話給歐洲領袖，問是否使烏克蘭加入北約，沒人敢回答」，「誰與我們並肩作戰，一個都沒有」。到了戰事延續十餘日後，他又說「我已了解北約不準備接受烏克蘭，烏克蘭也不會下跪乞求」。再隔一日，他又宣示，早已不要求讓烏克蘭加入北約，也願意在烏東兩個親俄地區的地位上「妥協」。至此，烏克蘭不能投降，但已經不能不轉彎。

以上就是整個「對內玩火／對外自焚／出口轉內銷」的全過程因果鏈。早知如此，何必當初？

其實，澤倫斯基早知道入約「只是一場夢」，他曾幾度直言，「反對烏克蘭入約者不僅俄羅斯而已」，即是明知北約諸國也有顧忌，只是三不五時藉題離間烏俄而已。但是，澤倫斯基始終不敢戳破這個民粹泡沫，這場自欺欺人的民粹戲法一直要等到美國宣示「不派兵進入烏克蘭」始告穿幫。

此戰不論結果如何，或許皆將拖垮俄國；但在此之前，烏克蘭也已成為一隻燒焦的貓腳爪。

民進黨的台獨路線也是寄託於美國的支援。但美國是否會在關鍵時刻軍事介入，其實是「薛丁格的貓」，屆時打開了盒子才知道。但若島嶼台灣如烏克蘭一般淪為戰場，恐怕連開闢人道走廊的出口都沒有。

中華民國比烏克蘭更有條件做為「東西溝通的橋梁」，但為什麼台獨非要充當「大國對抗的棋子」？

民進黨要待何時才說：「台獨只是一場夢。」

烏國誤以「去俄羅斯化／入約入憲／倚歐美謀抗俄」為國安戰略，致遭國難。蔡政府會不會因「去中國化／去中華民國化／借殼台獨／倚美謀獨」而玩火自焚？

烏克蘭的「內殺型轉型正義」與民進黨的「內殺型台獨」，遠觀近看，其實都有一點像，或很像。

二〇二二年三月十三日

台海是天險或天甕

漢光演習或武獨演習

俄烏戰爭必然成為今年漢光演習的重要參照架構。紅軍必力避俄國錯誤，藍軍必力效烏國亮點。

本文並非專業兵推，僅提出一些市井荒誕的非非之想，供漢光演習建立想定之參考。

擬想，今年漢光演習兵推，天馬行空，事情是這樣開始的：

二〇二四年一月總統大選，民進黨籍候選人「台獨工作者」（不論務實或非務實），在「抗中保台」的風潮中高票當選。

數日內，大陸網路開鬧出現「和統已經絕望／武統無可避免」的狂飆，衛星照片顯示軍機及飛彈的調動。國際間出現兩岸將發生戰爭的警告，並呼籲「和平談判解決分歧」。山雨欲來，風聲鶴唳。

四月，中共中央政治局及中央軍委背書宣示，略謂：台灣情勢已經逾越《反分裂國家法》的底線，亦即發生「台獨分裂勢力以任何名義、任何方式造成台灣從中國分裂出去的事實，或者發生將會導致台灣從中國分裂出去的重大事變，或者和平統一的可能性完全喪失」。為匡正局勢，維護國家主權及領土的完整，呼籲台灣當局於限期內（暗指五二〇？）公開宣示反對台獨，在遵守一中原則及維護九二共識的共同政治基礎上，展開兩岸對等協商，一同導正兩岸關係。如果拒不表明正確立場，將依《反分裂國家法》，採取對應手段。

台灣的回應有兩種可能：㈠以「依據《中華民國憲法》及《兩岸關係條例》定義一中原則及九二共識」來回應，接受「對等協商」安排（當然必須宣示反對台獨），走上談判桌。㈡拒絕聲明接受一中原則及反台獨，呼籲國際制止中國武力威脅。

本文認為，㈠的可能性是存在的，因為台獨本來就是騙局，選舉工具而已。但如果不是㈠，那麼就是㈡，拒絕宣示反台獨。台灣立即進入迎戰狀態。

經過相當時間的神經戰，股市震盪，資金出逃，社會恐慌，和戰對立。中共宣布：訴諸《反分裂國家法》聲討台獨，以維護「一個中國的主權與領土完整」，包括採取必要的「特殊軍事行動」（借普亭用詞）。至此，台灣可能面臨的情勢是：

一、天險？或天甕？蔡英文說，台灣海峽是天險，這是從登陸戰來看，入侵者必須火中取栗。但若從封鎖戰來看，海島若被封鎖，就成天甕，成甕中捉鱉之勢。封鎖戰是用天甕先烤熟鴨子，登陸戰就只剩出爐的動作。封鎖戰，中共必須有國際制裁的承受力，台灣則需有實體及心理壓迫的承受力，因為戰場在台灣。

二、反台獨？或反台灣？行動期間，中共宣布依《反分裂國家法》，將「盡最大可能保護台灣平民的生命財產安全和其他正當權益」。藉此，將台獨與台灣人民區分。同時聲明，在軍事行動中禁止以平民做為人肉盾牌。因海島無出口，不能闢建人道走廊，故擇幾地開闢人道空間（如南投縣），台方若不在人道空間進行軍事操作，則中共允不對人道空間攻擊。因此，台灣將出現內部流動的難民潮，途為之塞，同時也為中共升高武力攻擊減低顧忌，布置了環境。

三、軍事襲擊及民生壓迫。在某一時段，中共針對台方軍事目標已經進行飽和攻擊。並在「人道部署」宣示後，再對水電、交通、通訊等相關基礎建設加以摧毀（記取普亭的「人道」失敗），以製造民生困乏，升高對台獨當局的壓力。

四、外科手術？或一鍋端？普亭宣布「不占領烏克蘭，不推翻烏政府」（這是半途轉彎），已將終戰目標收縮改置。但中共若決定依《反分裂國家法》處理台灣問題，不動則已，若動，唯一的目標就是一鍋端，終止台獨政府，拿下台灣（此即陳明通所說的「全面性」）。首戰即終戰，不是中共退敗，就是台灣淪陷。不可能出現雙方坐下來簽訂「維持分治現狀」的「和平協議」的局面。

五、金門馬祖是反攻前哨？或戰爭人質？中共若不準備拿下台灣，就不會拿金馬；但若要拿台灣，就可能先拿金馬。既以一鍋端為目標，中共在軍事封鎖「被台獨挾持的台灣」時，可能同時以「盡量和平」的手段拿下金門或馬祖，或其中之一，且在島上成立「兩岸統一先行特區政府」。台灣若不馳援，社會恐難承受這種失敗的衝擊；若馳援，則可能墜入中共「引蛇出洞／圍點打援」之計。

六、有限戰爭？或螺旋上升？戰爭開始，中共仍不斷呼籲談判，台方若拒絕，就必須軍事回應。倘是防禦戰，天甕可能把自己烤焦，但若以增程飛彈向中國內陸源頭打擊，則戰況必螺旋上升。台方若有「你毀我高雄／我毀你上海」甚或「飛彈打三峽大壩」（游錫堃語）的能力及意志，那就要比你的幅員縱深比較大還是我的比較大？以及你死的人多還是我死的多了。有限戰爭或螺旋上升，台灣恐陷兩難。

七、刺蝟不死？慘重代價？注意，民進黨政府從未預言過必將取得兩岸戰爭的勝利，只是一再強調「必將使對方付出慘痛的代價」。但是，如果中共決定要承受「代價」的話，即不能嚇阻。且台灣付出的「代價」會不會更加「慘痛」？台灣要做刺蝟，但刺蝟會刺人，也會死。如果最後刺蝟抱著掃帚戰死，那就枉做一隻刺蝟了。

八、關於認知戰，台灣對內及對外皆必須解答：為何而戰？為誰而戰？中共必將此戰定義為「一個中國，懲罰台獨」的「內戰」，是「武統」。但台灣要如何定義此戰？這是捍衛中華民國的「漢光之戰」嗎？或視此為「武統vs.武獨」之戰？

九、若是「武獨之戰」，能否得到偏向「一中政策」的國際支持？且台灣內部必生嚴重爭執，倘若主張「否定台獨／和平談判」的民意無法壓制，抗戰的信心與正當性就可能動搖。難道要把反戰主和者統統「吊路燈」？

十、在俄烏示範後，可確定中共對武力犯台必更趨猶豫慎重；且以上粗糙的「兵推」太過簡化，亦太過線型化，當然不必太過認真。但是，同樣可確定的是，兩岸不開戰則已，若開戰就只有你死我活。一旦開戰，台灣就必須預定終戰指導。此戰是要實現台獨嗎？如果不能，為何要因台獨引戰？此戰是要捍衛中華民國嗎？那麼何必玩弄台獨到引戰地步？此戰會不會使台獨與中華民國兩頭落空？

台獨必須抗戰，只要一戰而使「中國」從地球消失，從此台灣國就能過著幸福快樂的生活。

那麼，就應將今年的「漢光演習」正名為「武獨演習」。

二〇二二年四月二十四日

普亭給習近平做了示範

兩岸別上美國當

陰謀論是這樣說的：烏克蘭是美歐布置的一隻餌，普亭上了當，吞下餌，毒性發作，不死半條命。

普亭吞餌好像是為習近平做了「銀箸試吃」，現在習近平已可確知台灣也是一隻餌，吃還是不吃？

歷史的頁碼，不隨個人意志為轉移。例如，「一國兩制」原是中共為台灣而設計，未料卻先由香港「垂範」並失敗，因此亦對台失效。同理，近年兩岸武統議題甚囂塵上，軍機繞台逾千次，劍拔弩張；詎料卻是先由俄烏戰爭做了「垂範」，以致解構了許多關於兩岸的戰略想像。

最大的解構是：原先中共認為，武統台灣，時與勢皆操之在他，選日或撞日也在他。但是，如今出現的新題目卻是：武統？看看烏克蘭，要不要上美國的當？

美國的核心思想是，永遠維持美國第一的全球超霸，因此就必須永遠壓制任何可能的超趕者。壓制的目標，第一位是中國，第二位是俄羅斯。但是，未料俄國居然插隊，於是美國把預備對付中共的劇本，先在俄國身上彩排了一遍，居然烏克蘭就如此順理成章地做一隻餌，而普亭也居然看不出這是一隻餌，結果以一片廢墟的烏克蘭換來不死也半條命的俄羅斯。這個怵目驚心的場景，是普亭給習近平做的示範。

美國在俄烏情勢的操作，可說就是美國在台海劇本的轉場演出，烏克蘭代台灣演餌，普亭則代中共演吞餌者。

但俄烏變局畢竟是由許多始料未及的臨時插曲演化所致，而美國的台海劇本則在近年來幾已呈現無遺。

美國要維持世界超霸的地位。因此，自歐巴馬政府以來就以壓制中國崛起為戰略主軸，而且此種由焦慮感激發的攻擊性已愈演愈烈。

但是，中國崛起的基本動力是來自其專政的治理能力及經濟科技的發展實力，並以「世界工廠／世界市場／世界金主」的角色立足國際。美國若在這些方面（無論內部治理效率及資源調度能力）與中共競爭，即使可能阻滯延緩中國進取，但恐怕終究不能扼制中國崛起甚至超越美國。

於是，唯一的方法，就是把台灣像烏克蘭一樣做為一隻餌，等著中共武統，甚至不斷切香腸挑唆中共武統，即可順勢把中共變成俄羅斯，把習近平變成普亭。

到了那一天，中共可能陷於一場「對方未『出兵』的世界大戰」，也可能如俄羅斯「被開除地球球籍」。

俄羅斯不如中國幸運。蘇聯解體後，俄國在政治及經濟上的轉型皆相當失敗，社會充滿失落與憤懣，直至普亭主政略趨好轉，特別是他先後在車臣、喬治亞、克里米亞、頓巴斯、敘利亞等地的鐵腕演出，使相當多俄人將未來寄望在「普亭神話」及「回復大俄羅斯榮光」兩大精神支柱上，直至今日碰上了烏克蘭，普亭可能認為又是大顯身手的舞台，不料踢到鐵板。

其實，如果普亭能在二月廿一日承認頓巴斯兩共和國後就暫歇手，優勢已向俄國傾斜，普亭的神話或許仍可維持不墜；詎料他竟是得隴望蜀，終致親手戳破了「普亭神話」，也毀了「大俄羅斯夢」。這兩大神話若告破滅，將使俄羅斯今後相當時間成為失去魂魄的國家，這才是真正的國殤。

中國不是俄羅斯。鄧小平使中國脫胎換骨，中共只要認真繼續改革開放，有序發展民主自由，在韜光養晦中應能找到潛滋暗長、持盈保泰之道，則中國崛起只是遲早的事。

但是，直面俄烏，中共應當有一領悟：發動武統，就要上當，就會毀了和平崛起。而這卻可能是美國夢寐以求。

中共應有維持住「中華民國不是台獨」的能量，如此就有使兩岸問題的「和平解決」與中國的「和平崛起」並駕齊驅的可能性。因此，中共應忘掉武統，將兩岸問題定錨在中華民國，徐圖未來，因為中華民國不是台獨。

銅板的另一面是：台灣要不要做美國的餌？

台灣不是烏克蘭。烏克蘭自二〇〇四年橙色革命後，「去俄羅斯化」的「轉型正義」一路飆升，至二〇一九年將加入北約及歐盟入憲，攀向民粹峰頂，進入了不能不攤牌的局面。因此，現在烏國人民面對這場戰爭，展現出一種「求仁得仁」的敵愾同仇。

但台獨運動在台灣，至李登輝、陳水扁兩代已翻越峰頂，至今除發生太陽花的回潮外，其實曾陸續出現「台獨不可能就是不可能」、「凍結台獨黨綱」、「除非瘋子才搞台獨」等節點，以致迄今「台獨公投／正名制憲」可謂皆已翻頁，蔡政府也由

「中華民國台灣」朝往「中華民國不是台獨」試探。

尤其，台灣素有「如果台獨，中共一定打」的想像，則中共若因台獨舉兵，對台灣民眾而言，其實是「自我實現的預言」。多數台灣人大概不會覺得為台獨而戰是「求仁得仁」，反而可能認為是「玩火自焚／咎由自取」。多數台灣人難道願為台獨焦土浴血？恐怕未必。

這是因烏克蘭正進入二十餘年的民粹高峰，所以莽撞地將入約入憲而作繭自縛；台灣則經七十餘年畢竟已漸走出台獨民粹的迷障，因此連賴清德也否定台獨公投，這是自知之明。

烏克蘭給台灣做了示範。為了炒作國內民粹政治，烏克蘭不知避戰，且以為仇恨就是備戰。戰爭開打，烏克蘭希望美國快點救烏克蘭以減少傷損，但美國的目標卻是要拖垮俄國，不惜以烏克蘭陪葬。此戰烏克蘭的表現確如刺蝟，但更像是一隻先毒死自己才去毒死他人的毒餌。台灣不要辜負了烏克蘭的悲劇。

澤倫斯基也給蔡英文做了示範。《大屋頂下》曾說，澤倫斯基如今被視為民族偉人，但他其實也是這場血淚國難的原始製造者。他利用「脫俄入歐」的民粹狂潮，但自己也被民粹綁架。今日所見澤倫斯基的英雄形象，其實是矗在國家廢墟及人民的屍山血海之中。蔡英文難道也嚮往一座由人民屍體搭建的英雄舞台？

俄烏戰爭是兩敗俱傷、魚死網破的結局。烏克蘭因炒作民粹而玩火自焚，普亭則因其野心超越能力而自掘墳墓。

俄烏的底線曾是「烏克蘭不入北約」，事後諸葛看來，這是多麼容易做到且互利雙贏之事，但居然就是要往死裡去。兩岸的底線其實是在「定錨中華民國／中華民國不是台獨」，左思右想，這其實也是多麼容易做到且互利雙贏之事，但難道也非要往死裡去？

兩岸都別上美國的當。台灣不走烏克蘭的路，中共更別掉進美國的坑。

二〇二二年五月一日

台獨論述的剪刀交叉

促轉會就是亞述營

亞述營是否烏克蘭納粹化的象徵，或可見仁見智。但促轉會是一個台獨的標誌性機構，則是有目共睹的如假包換。

略論亞述營。一九九一年烏克蘭脫離蘇聯成為獨立國家，進入「國家建立」（Nation Building）的工程。

「友俄／反俄」驟然成為烏克蘭在民主政治與選舉操作上的切割工具。友俄派的思維以「基輔羅斯」的體系為傳承。反俄派的論述，則逐漸被二戰期間與納粹德國合作的極右翼烏克蘭民族主義組織OUN的歷史敘事所駕御。

OUN當年認為，進襲蘇聯的納粹是「解放者」，故與納粹共同對蘇聯作戰，並與納粹一樣血腥殺害猶太人及波蘭人。這個敘事體系所表達的是：只要反俄，納粹

（或與納粹合作）也是正義。

「友俄／反俄」兩種思維在新生的烏克蘭一路呈現激烈的拉鋸。例如，反俄的尤申科總統為競選連任，在二〇一〇年授OUN領袖班德拉為「烏克蘭英雄」，並親自向班德拉銅像獻花致敬；但勝選的友俄總統亞努科維奇，在二〇一一年就撤銷了給班德拉的民族英雄尊號。這種強烈的拉鋸不但出現在烏克蘭內部政治，也在國際喧騰，例如波蘭即立法宣布「班德拉主義」為非法。

伴隨「友俄／反俄」的拉鋸，「班德拉敘事」水漲船高。班德拉的頭像及類納粹的符號與儀式出現在政治場合，看似邊緣現象，卻成為烏國反俄（外部的俄與內部的俄）的「民族愛國主義」極端化的主要推進元素。

接下來的烏國政局出現三個轉折的悖論：

第一轉折：由於「班德拉敘事」的抬頭，俄語人口感受壓迫，可謂是造成克里米亞及烏東「叛離」的主要因素。第二轉折：發生叛離，當局收編了標榜班德拉傳承的民間義勇亞述營來「平叛」，將之哄抬為國族精神楷模，更惡化了種族撕裂的氛圍。第三轉折：由於克里米亞及烏東的叛離，大量傾俄人口脫離烏克蘭本體，使得烏國政局更向反俄傾斜。這個悖論呈現的是：由於「烏俄戰爭」先在烏克蘭內部發生，烏東的內戰自二〇一四就開打，至二〇二二死了一萬四千人，終於導致了「俄烏戰爭」的外部化。

三十年來，烏國政治人物其實皆明知這股「極端民族主義」的政治風險，卻從沒有能力扭轉，漸至相互利用，以致最後使整個烏國政局被民粹駕御，烏國則從「浴血的民主」走到今日「浴血的國家」。這是台灣觀察烏克蘭情勢最重要的看點。亦即，先看內部，再看外部。

烏克蘭脫離蘇聯後，為「國家建立」而對「歷史敘事」發生爭議拉鋸。相似地，一九四五年光復的台灣，則因一九四九年的中國變局，也逐漸出現「國家建立／歷史敘事」的議論（如台灣地位未定論），至今仍在處理「轉型正義」，這就是台獨問題。

烏克蘭的「班德拉歷史敘事」，表面上是對抗俄羅斯，但直接的效應卻是先撕裂了烏克蘭。相對來看，台獨意識發展至今日，也有相似的問題，在表徵上是對抗中共（抗中保台），此即「外擊型台獨」；但更直接且痛苦的效應，卻是撕裂了台灣，此即「內殺型台獨」。

台獨及烏克蘭極端民族主義，皆欲根本變造歷史敘事，因此也有相似的誤區及盲點：

當年烏克蘭的激進人物如班德拉，以勾結納粹德國來對抗老蘇聯。但今天新的烏克蘭也要以班德拉主義來敵對「外部的俄」與「內部的俄」嗎？此處的盲點與誤區是：新烏克蘭的「國家建立」目標，應當不是要用新的烏克蘭向舊的蘇聯復仇，而應在建立一個內部團結、外部安全的新國家。但新的烏克蘭卻被班德拉的歷史敘事浸染。

同樣地，台獨的歷史敘事幾乎已簡化成「為了替二二八復仇，所以要台獨」，這是巨大的誤區。二二八的是非十分複雜，非本文能論。但即使應當為二二八復仇，也不必然要引申到主張台獨。因為，二二八的轉型正義是要省思過去的歷史錯誤，台不台獨的議題則是要探索台灣未來的生存戰略。二者不能混為一談。若謂要為二二八復仇，所以就要主張台獨，這種歷史敘事可能是文不對題。

不過，台灣畢竟比烏克蘭幸運太多。就國民黨的角度看，從二二八到解嚴的歷史過程，將台灣的教育、經濟、社會治理成典範級的「四小龍」，最後並宣布解嚴，使台灣政治的本土化及民主化得以軟著陸，又主動開放兩岸交流，營造了兩岸和平發展的架構。就民進黨的角度來看，則雖然迄未跳脫台獨的自縛之繭，但一路走來亦從台獨黨綱，到台灣前途決議文、四不一沒有、台獨做不到就是做不到、提議凍結台獨黨綱、除非瘋子才搞台獨、承認蔣經國實現「寧靜革命」、中華民國台灣，直至今日向「中華民國不是台獨」試探。這兩股力量的交互作用，造就了今日以維持現狀及主張兩岸和平發展為主流的民意。這正是台灣很像烏克蘭，但台灣卻不是烏克蘭的原因。因為台灣人的政治判斷比烏克蘭人優秀。

準此，在這個歷史趨向下，促轉會的鬼魂迄今卻仍寄居在行政院中，就根本違反了台灣生存戰略的應然走向。

促轉會以「東廠」自詡，操作者以台獨為主體，留下一七七萬字的報告，主題不外是鞭屍蔣介石、糟蹋中華民國、撕裂台灣；這種主張出自台灣政治光譜的極端部分，扼殺了多元包容的主流民意，反映的是台獨、二二八受難者、復仇的皇民與地主，甚至是白色恐怖受難者（匪諜案）的史觀，可謂是台灣的「班德拉主義者」，是比「亞述營」還要純粹的台獨標誌性機構。

「台獨是反對者與革命者的玩具，中華民國是執政者的責任」。這應是台灣經歷七十年政治激盪及三次政黨輪替所獲得的血淚啟示。但是，促轉會卻以中華民國為玩具，欲以「台獨敘事」挾持「台灣敘事」。

蔡英文當年稱「中華民國是流亡政府」，如今則改稱「中華民國不是台獨」。但是，此際正也是台獨意識脫韁之時，因此有「中國東亞化／台灣南島民族化」的操作，而促轉會更已欲罷不能，將台獨敘事推向了巔峰。台獨，蔡英文好像想要走出來，但促轉會卻是要公然走回去。這是一個剪刀交叉。

今天的烏克蘭被「昨天的班德拉主義」浸染，在「榮光歸烏克蘭／榮光歸英雄」的OUN口號中，搞到國破家亡。殷鑑就在眼前，台灣不能被促轉會的「內殺型台獨」永遠定格在二二八年代，台灣也不能永遠被「復仇者班德拉們」所綁架。一個煽動相互仇恨撕裂的台灣，不可能有幸福的未來。

台灣不是烏克蘭。台灣若要好好走下去，必須拒絕掉進台獨的班德拉主義。

二〇二二年七月十七日

台美中的共同政治基礎

裴洛西留下一張焢窯圖

裴洛西來訪，留給台灣最深刻的印象是一幅焢窯圖。

中共發動鎖台禁航實彈演習。公布的圖片中，台灣像一只番薯，東南西北四周被六塊大小不等畫上紅斜線的方塊實彈演習區包圍起來，這正是一幅鮮活的焢窯圖。

圖示在六個方塊間有缺口，但若化為實戰，即成覆蓋全島的火網。屆時台灣的「天險」，可能就成了「天甕」，也就成了「焢窯」。

各方喜歡討論這場風波究竟誰輸誰贏？但也許可將此看成只是一場美中雙方誰先眨眼的比賽，再張眼後各方仍須面對長遠的未來。台灣恐怕沒有在這場眨眼賽中妄論輸贏的立場，而是必須嚴肅面對這一座生死焢窯。

言歸正題。裴洛西將台海攪得波濤洶湧，主要原因是美中台各方對於這場風潮的政治詮釋並無共識。核心的歧異在於：這究竟是一個「宣示反對改變現狀」的事件？或是一個「倚美謀獨」的事件？

這才是這一場滔天風潮的底蘊。

中共一開始就將此事定位為蔡團隊「改變現狀／倚美謀獨」的挑釁，一再警告美國「勿對台獨勢力發出錯誤訊號／停止以各種形式支援縱容台獨分裂勢力」，不要虛化掏空「一中政策」。

美國白宮國安會發言人柯比則一再表示，美國政府的「一中政策」沒有改變，反對任何一方改變現狀，也不支持台灣獨立，期望兩岸分歧和平解決。裴洛西則親口或透過投書表示，「此行未牴觸美國長期奉行的一中政策／美國將繼續反對任何試圖片面改變現狀的行為」。裴洛西未說「不支持台獨」，但「反對片面改變現狀」就包括了「反對台獨」。

再看蔡政府。蔡英文親口告訴裴洛西：「我們致力維持兩岸現狀，台灣人民非常務實。」總統府在大禮堂接待裴洛西一行，禮台上的主題精神布置是中華民國國旗及國父孫中山遺像。在贈勳的頌詞中，以「中華民國台灣」稱國家主體，頌詞末尾以「中華民國一一一年八月三日」紀元。這個「中華民國總統授勳美國眾院議長」的場景，亦可視為「不改變現狀」的引申。

以上，台美中三方的表述差異是：美方說「反對改變現狀／不支持台獨」；蔡政府亦稱「我們致力維持兩岸現狀」；唯中共一口咬定這是一場「改變現狀／倚美謀獨」的台美雙簧。因此構成了這場風潮的底蘊。

由此可見，台美中三方的根本矛盾，是在各方均懷疑對方有「改變現狀」的意圖，中共想武統，台灣想台獨，美國想掏空一中政策。

假設，我們反過來看，若三方能將當前局面看成只是要「維護現狀」，而不是「倚美謀獨」，會不會得到不同的啟示？

假設：站在「維持兩岸現狀」的思考上，民進黨能將「中華民國不是台獨」的路走下去。不是「倚美謀獨」，而是「倚美謀中華民國之存在」。亦即，是為了維護中華民國而與美互動，進行軍購、拓展中華民國的國際空間、增強自我防衛能力，並反對「沒有一中各表的九二共識」及「一國兩制」。亦即，民進黨是以中華民國面對美國及世界，面對十四億中國人，而不是「倚美謀獨」，這樣是否比較可能「維持美中台關係的現狀」？

又假設：在「維持兩岸現狀」的思維下，如果民進黨走向前述「中華民國不是台獨」的路線，中共是否能以「中華民國」面對台灣？亦即，中共究竟是要把民進黨釘死在「倚美謀獨」的標籤上？還是也有可能引導民進黨將兩岸關係定錨在中華民國？中共反對民進黨「倚美謀獨」，但是否容納台灣「倚美維護中華民國之存在」？

再假設：美國若能更明確地「反對改變現狀／不支持台獨」，因此引導民進黨也更加明確地脫離「倚美謀獨」的操作，這是否更能維持台海的和平穩定？

亦即，在想像的中程過渡期間，「反對任何一方片面改變現狀」有無可能成為台美中的共同政治基礎？即是：中共不武統，台灣不台獨，美國不支持台獨而維護中華民國之運作，三方共同致力兩岸分歧和平解決。

其實，美中台三方均知當下三邊情勢急遽惡化的危機，各有節制。先說美國。美國確實在虛化掏空「一中政策」，但只是移變到「根據《台灣關係法》及六項保證等維持中華民國之現實運作」為止，卻仍「反對改變現狀／不支持台獨」，此一立場其實符合美中台三方的利益交集。這也是美國在裴洛西事件中宣示的護欄或底線。

再說蔡政府。據傳蔡政府一度曾欲撤回對裴洛西的邀請，可見蓋頭鰻亦知生死門。蔡英文說：「軍演沒有必要，台灣永遠開放建設性的談判。」若要有建設性的談判，恐怕就不能「改變現狀／倚美謀獨」。

至於中共，七月二十六日，汪洋在「九二共識卅週年」談話未提「一國兩制」，而公開主張「（九二共識就是）求一個中國之大同，存兩岸分歧之小異」，顯然是一種政策轉型的試探。中共應已覺悟，無論兩岸關係未來如何變化，必定要有一個「定錨於中華民國／維持現狀」的競合發展期。失去中華民國的依托，就失去了兩岸定海神針。只是，經過裴洛西這麼一攪局，中共的這次試探恐告中斷。

環顧兩岸當下情勢。中共壓制不住台獨，反而弄得中華民國奄奄一息，台灣「懼統容獨」的氛圍且在上升。這些恐皆不是軍事震懾及經濟制裁所能挽回，必須回到中華民國。至於蔡政府，無論台獨如何翻騰，也無法改變美國的「不支持台獨」、中共的以台獨為死敵，及台灣因台獨而撕裂。民進黨若操作得宜，或有可能使兩岸定錨在中華民國，但台獨的結局必是熄窯。

因此，中共不武統，台灣不台獨，兩岸定錨在中華民國，維持現狀，和平發展，應是美中台三邊至少可用於中程過渡的共同政治基礎。

至於若論這場風潮的輸贏，裴洛西是大贏家，她成就了自己的「歷史人設」。美國也表現出「不目逃／不眨眼」的大國氣勢，但畢竟從大局從長遠看，白宮顯然不願見此事發生，亦將以裴洛西此行對台灣的「愛之適以害之」為遺憾。中共則超越了

「伴飛」的小兒科，趁此呈現了一幅「台海熗窯圖」，完成了對台圖謀的系統性演示，所以不能說是輸家。台灣則已陷「熗窯」的局面，是輸是贏？

此時，向民進黨，向白宮，向中南海，台灣人民應當一齊發聲：讓我們各方用中華民國好好地生活下去！

番薯，熗窯的溫度正在上升。

二〇二二年八月七日

不台獨 就可不開戰

改引戰境內爲止戰境外

不台獨，就可以不開戰。

兩岸「和／戰」問題說起來十分複雜，實則十分簡單。只要我不搞台獨，你不消滅中華民國，兩岸就可以不打仗，至少可使開戰的可能性降至極低。

兩岸是因政治衝突而瀕至軍事衝突。政治衝突若能得到緩解，即可避免軍事攤牌。政治衝突若要緩解，就要：

我不搞台獨，你不消滅中華民國；兩岸定錨中華民國，共構和平競合。

如此，就不會開戰。

現今的情勢很「荒唐可笑」（借中共發言人的用詞）。兩岸劍拔弩張，談的都是如何進行軍事對抗，但對如何緩解政治衝突的聲音卻浮不上來。只見火上澆油，不見釜底抽薪。捨本逐末，避重就輕。這是不是「荒唐可笑」？

陳水扁時代的戰略指導原則是「決戰境外」，主張增置巡弋飛彈「源頭打擊」，力拚「濱海決勝／灘岸殲敵」，目的在不使戰爭蹂躪台灣本土。但到了今天的蔡英文，卻急轉直下至「不對稱戰爭」，全力渲染打到一兵一卒的焦土巷戰。至此，整個戰略指導原則儼然已悄悄然移轉至「決戰境內」。

台灣準備成為烏克蘭。這樣的戰爭，果然「不對稱」。蔡英文多次強調，中國若進犯台灣，「必然付出重大代價」，卻諱言台灣將付出什麼「代價」。如果「在付出重大代價後，中共最後仍打下台灣」，蔡英文屆時仍將以台灣能做為一隻血肉糜爛的刺蝟而自鳴得意嗎？

因此，兩岸「軍力不對稱」其實不是重點，兩岸戰後的「代價不對稱」才是台灣必須誠實面對的。

本文認為，在兩岸瀕臨戰爭的此刻，民進黨必須從「決戰境內」的軍事目標，明智地轉向「止戰境外」的政治規劃。七分政治，三分軍事。

「決戰境內」就是決心做一隻巷戰刺蝟。「止戰境外」就是民進黨要說清楚「中華民國不是台獨」，也就是要撕掉貼在自己腦門上的台獨標籤。

民進黨要設法表白：我不是台獨，我是中華民國，中華民國不是台獨。這是台灣必須維持的「戰略清晰」。這縱非「止戰境外」的充要條件，也是必要條件。

台獨絕無可能。民進黨死抱「戰略模糊」的台獨，只是將台獨奉送給中共做為侵台的口實，因而必須改以「定錨中華民國」為國防的基本政治架構。因為，中華民國本身就是最佳的國防。

中共的第三份對台白皮書，將民進黨定位為「和平統一空間必須清除的障礙」；因此，中共不無可能用「外科手術」的方法將民進黨從台灣及中華民國剝離。八月廿八日的《大屋頂下》曾有一假設。中共若對台啟動戰爭，揭幕時會淡化「武統」而強調「懲獨」。這是將民進黨與台灣分化，將台獨與台灣分化，以此進行「清除障礙」的「外科手術」。

屆時，面臨戰爭，民進黨將如何回應中共及台灣人民？是該說「我就是台獨」，或說「我是中華民國」？

倘係如此，臨戰必將使台灣內部發生和戰分歧的大內訌，因為，這牽動了「為何而戰／為誰而戰」的基本論述。此為台灣的死穴。

台灣人必須知道：民進黨根本沒有能力戴著台獨的帽子帶領台灣「決戰境內」，

並在最後能成為一隻光榮勝利的刺蝟。

沒有正確的政治戰略，就沒有軍事戰略可言。

其實，僅以常識論，我也不認為蔡英文及民進黨會悶著頭傻傻只想使台灣變成烏克蘭，做一隻「決戰境內」的刺蝟；相反地，民進黨必然也希望能夠避免戰爭或「止戰境外」。

《大屋頂下》多次演繹民進黨在「中華民國不是台獨」的種種轉型操作，眼前也有可見的跡象：

自中共機艦頻次繞台以來，國軍飛行員升空應處，皆自報：「我是中華民國空軍……」國防部相應公布的示意圖上，台灣地圖皆標註「中華民國」。這些細節，似皆在表述是以「中華民國」的「戰略清晰」在應處情勢，不是台獨。

裴洛西風潮後，蔡英文巡視軍隊，更多次表達：「中華民國國軍的戰力，就是國家安全的保證。」「希望大家繼續以中華民國國軍為榮。」在此，她甚至沒有用「中華民國台灣」。誰的軍隊？中華民國的國軍。為誰而戰？為中華民國的國家安全而戰。以什麼為榮？以中華民國的國軍為榮。這就是「戰略清晰」。

民進黨在傳統上是「仇軍黨／辱軍黨／恨軍黨」，把老芋仔一輩的國軍視為米蟲，甚至說八二三砲戰只是「國共內戰」而與台灣人無關。如今，「時空環境不同」，看蔡英文如何諂媚示好軍人，她的局限是她不可能建立一支為台獨而戰的軍隊，而仍必須倚重中華民國國軍來護衛中華民國。對內對外，她起碼必須做到此一層次的「戰略清晰」。

若說八二三只是國民黨的戰爭，但民進黨不能將兩岸戰爭陷為只是民進黨的戰爭，更不可能打一場冠名台獨的戰爭，而必定仍要回歸到是護衛中華民國的戰爭。這也是「戰略清晰」。

蔡英文及民進黨若知最終不可能將兩岸戰爭定位為冠名台獨的戰爭，就不必呆呆只想做一隻「決戰境內」的刺蝟；那就必須設法「撕掉台獨標籤／定錨中華民國／共構和平競合」，戰略清晰，站在中華民國的立足點上，一方面備戰，但另一方面更要全力營造「止戰境外」的境界。

民進黨的台獨已無「外擊型台獨」（對抗中共）的可能性，只有「內殺型台獨」（撕裂台灣）的效用。

如今瀕臨兩岸戰爭，民進黨首先已出現「希望大家繼續以中華民國國軍為榮」的訴求，先從軍隊撕掉台獨標籤；那麼，更進一步，就尤須在兩岸層次及國際層次，更加深化營造「中華民國不是台獨」的轉型工程，亦即建立起「以中華民國國軍，護衛中華民國」的「戰略清晰」，並引導兩岸朝向「我不台獨，你不消滅中華民國」的互動架構發展。這就可能從「引戰境內」轉移至「止戰境外」。

蔡英文今後不但要常說「中華民國國軍」，更要常用力強調「中華民國」的憲法國號。當台灣建立了這樣的「戰略清晰」，就有可能將兩岸關係推移至「定錨中華民國／共構和平競合」。

台獨是戰略模糊，中華民國是戰略清晰。

不台獨，就可以不打仗。不必「引戰境內」，要營造「止戰境外」。

李喜明說：先見制變者勝；後見應變者敗；已見不變者亡。他說的是軍事，本文說的是政治。政治戰略是軍事戰略的前提。

二〇二二年九月十一日

難比以色列　不做烏克蘭

義務役使國防面對民意

義務兵役將改制至一年。我認為，其意義尚不只在軍事備戰的層面，更重大的效應是將使得我們的國防政策與民意及民主發生更密切與真實的連結。

每次有關於兩岸戰爭的民意調查時，就會出現類似以下的問題：你願不願為中華民國而戰？你願不願為台獨而戰？美國會不會介入？台灣能撐幾天？你支不支持美國的「刺蝟」戰略？你支不支持兩岸和平交流？你覺得台灣在巷戰有勝算嗎？你贊成止戰避戰比備戰迎戰重要嗎？林林總總。

在戰爭看不到影子時，可用直覺回答這些問題。但當為了迎對極可能發生的戰爭而延長兵役時，觸動了國人更深刻的思考，就須嚴肅地用鐵與血來回答問題，其效應就是使得我們的國防政策較有可能直接面對民意的檢驗。

大家當兵，大家參與國防，大家對國防有意見，因此就影響了國防的內涵。

二〇二三年七月發生的洪仲丘事件，可稱是歷來所見兵役問題與民意連結的最重大事件。促生了「八月雪運動」，並引爆多次巨型街頭遊行示威活動，以白衫軍自命，接著導致軍隊內部多項改制，甚至將《陸海空軍刑法》的偵審體制移交司法機構承理。

各方迄今對洪仲丘事件的評論不一，但這無疑是兵役問題與民意的真實連結。而洪案只是因一軍中懲罰事件而觸動，則未來在兩岸隨時皆可能爆發戰爭的陰影下延長兵役，將牽涉到上至「為誰而戰／為何而戰」的形而上問題，下至「誰做刺蝟／如何巷戰／代理戰爭」的實戰爭議，若非也能經過民意及民主的錘煉，這樣軍隊恐怕沒有投入戰場的基本條件。

因此，當家家戶戶的子弟皆將進入軍隊，且愈來愈有可能面對戰爭時，我們的國防政策及兵役運作勢將受到民意與民主的檢驗。

延長役期是勢在必行。一、這是美國的主意。美國在公開及私下皆要台灣延長兵役以「自我防衛」，蔡政府躲不過去。二、若不延長兵役，中共更不相信台灣在備戰，因此做也要做給中共看。三、若不延長兵役，台灣人民也不相信蔡政府在備戰，因此做也要做給大家看。所以，勢在必行。

然而，僅僅延長役期至一年，顯然也只是擺出一個不能不做的姿態。因為，依據各方的預言，兩岸一旦開戰，極可能會一路朝向「巷戰／不對稱戰爭／決戰境內／戰至一兵一卒／刺蝟」的極端發展，則若僅以一年役期的兵役備戰，當然尚未窮盡台灣的可能，恐也難有勝算。

以各方對未來兩岸戰爭實況的想像來看，台灣的備戰，不能僅只是延長一年役期，而是必須建立一個「軍民一體／平戰一體」的系統架構。也就是說，應朝以色列模式思考。

以色列，青年滿十八歲，男服役三年，女服役兩年。往往先服役，再上大學。服役期間，除培訓軍事技能，也因材施教各種專業才能。因而兵役不但與國防連結，也與社會經濟發展及個人生涯發展連結。軍隊的人際關係往往成為未來職場組合的基礎，以色列所以成為十分成功的「新創事業」王國，軍隊即是孵化器。以色列人皆視兵役是人生的恩典與光榮。

再者，兵役也是以色列形塑國民意識的重要歷程。在哭牆前共同思考以色列「亡國／復國／衛國」的血淚歷史，成為更團結的國家及更堅強的軍隊。這樣的國防，已與民意及民主深度連結。

以色列以兵役為整個國家的整合機制，台灣至少不要因兵役而使國家及個人的發展反而出現破壞及碎片化。

尤其，新制兵役不知是否仍有「莒光日」（這個名稱本身就是一個爭議）。當整個國防趨向「平戰接軌」時，在平常社會都不能得到解答的「為何而戰／為誰而戰」的爭議，未知能否在軍隊中得到比較趨同的答案？

以色列的例子提醒大家：台灣如果沒有以色列那樣「平戰一體」的國家意識，恐怕就沒有打這場兩岸戰爭的條件。平戰接軌，絕不僅指軍事戰備的平戰一體，尤其是指國家意識的平戰一體。但是，以色列能，台灣也能嗎？

台灣不是以色列。兩岸關係與以阿關係不同，台灣的內部政治也遠較以色列複雜。以色列最重要的國防基礎在堅實的國家意識，但台灣政治的現狀卻是：中華民國國軍一方面唱「風雲起，山河動」的黃埔校歌，另一方面蔡政府卻四出去拆「國民革命軍之父」蔣中正的銅像，豈不矛盾？又，蔡英文一方面說青年是「天然獨」，另一方面卻要強制延長「天然獨們」在中華民國國軍的「義務」役期，莫非笑話？

如何平戰一體？我們在民間社會中以台獨撕裂了這個國家，將如何奢望能用中華民國來整合軍隊？我們總不能以「因台獨而分裂的民間社會」加上「用中華民國而整合的國軍」，來迎對這一場兩岸戰爭吧？

台灣最大的平戰衝突是：民間社會因台獨而嚴重撕裂，但在國防上台灣卻絕不可能成立一支以台獨為目標的台獨軍隊，而終究仍必須以中華民國軍隊來捍衛中華民國。此一平戰衝突必須解決，如果在民間社會做不到，至少必須在軍隊做到。

這些疑問，很可能隨著戰爭的警訊升高、隨著役期延長，從千家萬戶進入了軍隊。而未來世代的青年，他們經過「洪仲丘事件／太陽花事件」的衝擊，對國是的看法比較分歧，對國民權利義務的概念也比較細緻。比如說，往年軍隊曾規定超過攝氏卅二度即停止出操，就是對「民意」的回應。

然則，在義務役新兵將成為部隊的主體後，當他們用「洪仲丘意識／太陽花思維」來品評軍隊與國防的高深運作，而不只是攝氏卅二度是否出操，勢必帶進來許多民意與民主的元素，而將相當程度地影響到國防與國家的方向。比如說，為誰而戰？為何而戰？大家當兵，由大家回答。

當義務役男拿起槍桿準備與對岸打仗時，必須有人告訴他們的「義務」是什麼：到底是為中華民國而戰？為台獨而戰？或為做為美國刺蝟而戰？

何況，台灣為什麼突然走到要延長兵役、準備戰爭的今天？台灣有無止戰避戰的方法？若有，卻如此翻天覆地，只為了擺出一副將準備做一隻刺蝟的姿態給大家看，這難道符合台灣民意及民主的期待？

說到底，一個操弄台獨的政府，若要大家為中華民國而戰，有無正當性？大家當兵，由大家回答。

面對兩岸戰爭，台灣應有兩個高度覺悟：一：台灣不能做烏克蘭。二、台灣做不到以色列。

二〇二三年十一月六日

台灣不是牛棚烏克蘭

台美面對不一樣的中國

蔡英文團隊在「台美中三邊關係」上有一重大盲點。美國是站在「中國崛起論」的思維上，視「中國為美國唯一的系統化（systemic）敵手與競爭者」，其主要意圖在阻滯中國超越美國；而蔡政府如今卻寄望美國抵制中國的行動可以解構中國操作兩岸關係的能量，這則是站在「中國崩潰論」的妄想上。

台灣與美國面對的中國，是不一樣的中國。美國面對的是已經崛起的中國，台灣面對的則是看不出可能「崩潰」的中國。中國或許尚難超過美國，但只要不崩潰，就能應對台灣，比如貫徹貿易壁壘調查等。這正是蔡團隊故意視若無睹的盲點。「中國崩潰論」早已偃旗息鼓，現在全世界皆在直面「中國崛起」的課題。

世界如何面對中國崛起？台灣如何面對中國崛起？中國自己如何面對中國崛起？

從一個不夠周全但較易理解的角度來看，中國崛起的原因有二：一、用資本主義驅動民間經濟，十四億中國人為改善自身及家庭生活的辛勤奮鬥，能量驚人，轉為累積中國國力的主要根源。二、實施一黨專政，成為政治體制的優勢。普亭在三月普習會中，對中國的成就即持此類看法。

沒有人能阻擋十四億中國人改善自我人生的追求，且也尚未見到中共有改變一黨專政的跡象。因此，「中國崛起」愈來愈較「中國崩潰」來得真實。

一、世界（尤其美國）如何面對中國崛起？美國若要阻滯中國崛起，最根本的方法可能就是在台海「剪下複貼」俄烏戰爭。①必須借題台灣，②必須打贏一場圍毆中國的大戰。但是，俄烏戰爭後，一年多來各方愈加仔細思量，似皆已愈來愈覺得不能在台海剪下複貼。因此，美國愈來愈明說其實不想和中國打一仗，中國外長秦剛則提醒美國，別再有「今日烏克蘭，明日台灣」的念頭，意謂中國不會掉進陷阱。

美國若不能藉由一場足以重殘中國的戰爭來阻滯中國崛起，則用其他打壓、脫鉤、圍堵的方法或有短效，但勢不可能長期阻擋中國繼續發展壯大。何況，一個未超越美國的中國，仍必定是一個有足夠主動能量的強國。

其實，美國在美中競爭顯得吃力，問題不在中國的發展能量，而在美國自身的治理失敗。如習近平說「吹滅別人的燈，並不會讓自己更加光明」。

美國對用戰爭阻滯中國崛起應是細思極恐，但又很難阻擋中國的「和平崛起」，這是美國的兩難。台灣更沒有條件來承負美國的兩難。因此，對於台海的戰爭與和平，台灣須有戰略自主。

二、台灣如何面對中國崛起？美國的目標在阻滯中國超越美國，但台灣的目標卻應當是在面對中共在綜合實力上已不斷巨幅超越台灣的不可逆現實下，如何能夠與中國和平共好。

美國如果在台海挑起一場大戰，台灣就成了烏克蘭。但如果這場仗一直喊打又打不起來，台灣難道要永遠做一隻待命的「美國刺蝟」？或永遠做一個備位的烏克蘭？台灣變成烏克蘭，固然是台灣的浩劫。但兩岸不開戰而天天等著開戰，台灣變成了牛棚裡的板凳烏克蘭，那必定更是對台灣千刀萬剮的凌遲。

美國對中國可和可戰，但台灣的唯一選擇卻是必須與中國和平共好，不能在「中國崩潰論」的想像中建立兩岸政策。

三、中國自己如何面對中國崛起？上週《大屋頂下》寫〈中國崛起與全球文明倡議〉指出，中共的一黨專政確為中國崛起的因素，但低民主、低人權的一黨專政與「馬克思主義基本原理」，不能匹配世界及中國人對中國未來的期待，更必禍害全球文明。

中共不能就將一黨專政及「馬克思主義基本原理」破罐子破摔到底，而應當在國家治理及普世價值上懷有更高質量的自期與追求，使中國以「可信／可愛／可敬」的型範立足世界。

如此，正本清源，中國始能破解美國及西方阻滯中國崛起之行動的正當性。如此，崛起的中國始能雍容自信地面對世界，面對自己，面對台灣。

綜上所論，歸納為兩個觀點：

一、台灣與美國面對的是不一樣的中國：美國是出自地緣政治的「修昔底德陷阱」來應對中國。要壓制中國，以台灣為槓桿。這可謂是一種物理的觀點。但台灣畢竟是一個漢族及漢文化為主體的社群，距大陸又僅一衣帶水，台灣所面對的十四億中國人，在地緣、血緣、文化及歷史上都不僅是物理的存在，與美國面對的中國完全不同。

美國可與中國永遠鬥而不破，台灣卻不可能永遠與十四億中國人為敵。台獨說：

「誰跟你是中國人？」但十四億人必視你為數典忘祖的中國人。

因此，卜睿哲說：台北所定義的國家利益，並不一定和華府（所定義的「國家利益」）相同。本文想強調，二者不是「不一定相同」，而是「必定不同」。

例如：美國對台積電，只消大肆渲染兩岸有開戰之虞，就能輕易地將台積電「騙劫」赴美，甚至稱在台海開戰時不惜最後炸毀台積電（因此獲頒特種大綬景星勳章？），這是美國的國家利益。但是，站在台灣的利益上，則理應致力增強台積電的本土存在，鞏固台灣在全球供應鏈上的關鍵地位，形成「矽盾」，這才是國家利益。

又如，美國可以主張全體台灣人拿起ＡＫ四七步槍去打中國人，台灣則須顧慮屆時兩類台灣人可能拿ＡＫ四七步槍對殺。因為，美國與台灣面對的是完全不一樣的中國。

二、兩岸應當正確定位中國與台灣：中共一再說，台灣問題是中國核心利益的核心。換個角度看，台灣問題也就成了美國及西方節制中共的槓桿中的槓桿。台灣有事，世界有事。中共若在台灣問題上犯錯誤，就可能掉進西方的陷阱。

但是，倘若中國崛起真正能夠升高至「為全球文明建立典範／為兩岸人民創造救贖」的高度，中共就不至於在台灣問題上犯錯誤。武統是國難，更是國恥，尤其是違反全球文明，心靈契合才是正道。兩岸若要心靈契合，中共不能消滅中華民國，台灣不要搞台獨，兩岸皆應「定錨中華民國／共構和平競合」。

台灣切勿「舔美毀台」，傻傻將自己定位為牛棚待命的烏克蘭，中共更勿將自己定位為向「世界有事」挑釁的俄羅斯。

中國崛起當然是一個攸關全球文明的極重大事件。中共不能在全球文明上犯大錯，台灣更沒有在面對中國崛起時犯錯的餘地，絕對不可用美國的眼睛看中國。

二〇二三年五月十四日

台美中共同課題

中華民國關鍵機遇期

就在此刻，正值中華民國的關鍵機遇期。機遇期的主要內容是：台灣問題國際化。

面對「台灣問題國際化」的機遇期，台灣亦面臨一個重大的抉擇關鍵：究竟應當繼續用「中華民國體系」來發展這個機遇期，或改用「台獨體系」來經營這個機遇期？

這個抉擇是台美中三方的共同課題。

從大歷史看，這是第二次出現這樣的機遇期。

第一次出現在一九五〇年，韓戰使台灣問題國際化。當時原想放棄台灣的美國，發動第七艦隊護衛台灣。戰爭過程中，出現台灣是否派兵參戰及聯軍是否攻擊中國內陸等議案。

自此，冷戰揭幕，台灣問題急劇國際化，表現在一九五四年的《中美共同防禦條約》，及美國主導維持中華民國在聯合國的席位等。

此次機遇期，至一九七一年中華民國退出聯合國及一九七九年台美斷交告一段落。

面對巨變，在戒嚴體制下，台灣以中華民國地位因應此次機遇期的中斷。蔣經國並在一九八七年宣布解嚴及啟動兩岸交流，亦即以中華民國的民主化，從根本上改造了兩岸的互動架構。

蔣經國的改造工程，使得台灣政治的民主化及本土化得以軟著陸，也使得兩岸互動自此受到台灣民主機制的節制。民意一方面不會接受激進的台獨，另一方面也不會接受併吞式的統一。亦即，台灣的內部治理及兩岸關係，仍在中華民國憲法的民主運作下得以維繫，至今可謂仍然維持著此一架構。

眼下出現的第二次機遇期，大約自二〇一八年的川普風潮濫觴，主題也是台灣問題國際化。

兩次機遇期的國際背景不同。韓戰的主題是北韓欲併吞南韓，中國當年只是蘇聯的代理人，本身對美國不具威脅，且台灣問題在當時尚非「急件」。但今日美國及其盟友面對的主題卻是抵拒中國崛起，中國就是當事者，且台灣正處各方「核心利益」的聚焦點。因此，此際台灣問題的國際化，實為勢所必至，亦更甚韓戰當年。

尤其，台灣內部政治已不同當年。在韓戰引發的機遇期及後來機遇期的中斷，台灣皆是以中華民國體系來因應。但在此次「圍堵中國」的機遇期爆發之際，因民進黨主政，台灣卻可能出現了要用中華民國體系或台獨體系來因應的抉擇情境。

這是台灣的抉擇，卻也是中共的抉擇，也是美國的抉擇。

就中共言。情勢的發展顯示，和統及武統均愈來愈難。因此，當前最務實的目標應在維持中華民國及中華民國憲法的運作，不使中華民國在「去中華民國化／去中國化」下，不斷變質、異化、掏空、流失。

台獨其實是中共長期壓制中華民國所造成的產品。例如：近兩年兩岸情勢惡化，主因之一即在中共將過去所稱「求同存異的九二共識」轉移至「共謀統一的九二共識」，並壓制「一中各表」。這是踐踏中華民國，給台獨送禮（九二共識沒有一中各表了），一句話就翻覆了兩岸關係。

本文認為：就在此時，應當是中共最希望能「維持中華民國現狀」的時刻。

國台辦說：「反台獨，不反台灣。」應訂正為：「反台獨，不反中華民國。」

就美國及國際言。拜登說，「美國強烈反對片面改變台海現狀」，即是包括了反對武統及不支持台獨，甚至可以直接解讀為「維持台灣以中華民國體制而存在的現狀」。台灣的「不獨」，是美國「維持（不統）現狀」的條件。如《台灣友邦國際保護及加強倡議法》（台北法案），主旨即在維繫中華民國的邦交國，可見美國仍以維持中華民國體制為戰略架構。另近年在歐盟相關方面發動的友台動作（如立陶宛），亦皆以「一中政策」為護欄。

中共即使不樂見友台動作勢如春筍，但亦應慶幸國際迄今仍在「維持（中華民國）現狀」的邊際之內，尤應珍惜「中華民國的現狀」仍能維持。中國駐美大使秦剛說，如果中美都不想打仗，就要共同反對和遏制台獨。我認為，這句話若用正面表述，就是中美應當「共同維持中華民國的現狀」。

再就台灣言，或就民進黨言。蔡英文稱「中華民國與中華人民共和國互不隸屬」，此句出自《台灣前途決議文》，卻是首見於中華民國總統文告。

在兩岸論述中，這句話是一個擦邊球。因為，中華民國憲法亦主張中華民國與中華人民共和國不相隸屬，而是一國兩區。但此話也可解讀為兩國論，因為其原始出處

《台灣前途決議文》是以反對「一個中國／一中原則」為前提，即是「一邊一國」。也就是說，蔡英文此句是介於「殼獨」與「華獨」之間，於是面臨抉擇：

①兩次台灣問題國際化的機遇期，均是緣自國際情勢的巨變，且皆由美國主導，但全球情勢已迥然不同。當年，台灣只是美蘇冷戰的籌碼（中國則只是蘇聯代理人）；但今日台灣卻直接成了美中陷入「修昔底德衝突」的界面。何況，當年因韓戰使台灣避過了成為解放軍第一目標的時間差，但如今台灣必將成為與解放軍焦土決戰的戰場。

再者，韓戰最後仍維持了朝鮮半島當年的「（分治）現狀」至今。但台海一旦開戰，還可能維持「現狀」嗎？

②台灣必須掌握戰略的主體性，不能寄託於美國。七〇年代，中共正值文革時期；美國卻因戰略轉向，與中共建交而背棄台灣。美國的甩鍋行徑，亦見於越戰、阿富汗，足見美國也有「有心無力」之時。何況當年還有《中美共同防禦條約》，且今日的中共已非文革年代的中共，怎能只憑美國一句「增強台灣自我防衛能力」？

另日萬一再出現美國甩鍋之時，潮水退去，台灣屆時如果是穿著台獨的底褲，面對十四億中國人，如何「自我防衛」？

③已經聽不到「中國崩潰論」，在「圍堵中國」的情勢中，中國的發展可能增添險阻，但可預見將仍是一個大體上穩固的強國。也就是說，台灣問題無論如何國際化，都不可能使中國在台灣的視野中消失。

台灣問題國際化，但中國仍是台灣必須直接面對的根本問題。用中華民國來面對中國問題雖非容易，唯尚有可能；但想用台獨來應對中國問題，那絕無生路。

因此，台灣不能只靠台灣問題國際化來解決兩岸問題，但大陸也必須認知台灣問題國際化的約束因素。在這個中華民國關鍵機遇期出現之際，台美中的共同課題其實就在首先維持住中華民國的現狀與兩岸和平競合。因為，中華民國是三方的最大公約數，這是三方共同的機遇期。

二〇二二年二月六日

台美關係的五個維度

在過去很長一段期間，美國以「雙重嚇阻」（Double Deterrence）為台海戰略指針。一方面嚇阻中共武統，一方面嚇阻台灣操作台獨。「雙重嚇阻」後來結晶為「反對任何一方片面改變現狀」一句，迄今仍是美國台海論述的標配語言。

且在相當一段期間，由於台灣在解嚴後台獨意識上升，因而美國對台灣的「嚇阻」甚至有時較對中共的「嚇阻」還要凸顯。

例如，一九九八年柯林頓訪問大陸，不但發表「三不支持」，甚且國務院將之引申為美國當局不會接受台灣以民主程序達成的台獨，後來在一九九九年又直接介入阻止李登輝欲朝「兩國論」修憲的企圖。至小布希繼任，更公開稱陳水扁的台獨操作違反台灣利益，指陳水扁是「麻煩製造者」。後來，甚至出現「美中共管台海說」。這些斑斑史實，皆顯示美國當年的「嚇阻」是「雙重」的，兩岸平衡。

但自川普至拜登以降，「雙重嚇阻」顯然出現了嚴重歪斜失衡的變化。亦即，美國固然仍持續對中共「嚇阻」，但另一方面卻有意識地掩護縱容民進黨操作「借殼台獨／務實台獨」，進行「去中國化／去中華民國化」。有目共睹。

若與前述柯林頓政府「不會接受台灣以民主程序達成的台獨」及小布希稱「台獨操作違反台灣利益」相對照，「雙重嚇阻」漸已歪斜失衡至只「嚇阻」中共武統，卻不但不「嚇阻」且在實際上掩護「借殼台獨」的地步。由美國繼續扛著「一中政策／不支持台獨」的「護欄」，民進黨則在這個「護欄」下搞他的「務實台獨」，為台灣的烏克蘭化做準備。

蔡英文的「四個堅持」，「中華民國與中華人民共和國互不隸屬」，必然就是與美國約定的共同作品。這是在柯林頓至歐巴馬時代皆不能想像的修辭。蔡英文此次過境美國，莫說沒有提過一次「中華民國」，甚至沒說過「中華民國台灣」，一路自稱「台灣／台灣」到底，蔡英文有什麼理由認為此行「中華民國」四字不能啟齒？難道不如此就不能向美國展現台灣烏克蘭化的忠貞嗎？

一九四九年以來，台灣最重要的外力支援即是美國。無論在國安、社經發展及民主進階上，皆得美國的助益極大，這是所有台灣人應當珍惜及感謝的。但一九四九年以來，台美中關係也在五個維度之間游移變化，且是每況愈下，台灣人民應當對此變化提高警覺。五個維度，簡述如下：

一、意識形態：一九四九年，國共戰爭分出勝敗。美國當時的第一選擇是承認中華人民共和國，拋棄中華民國。「等待塵埃落定」的《對華白皮書》，可謂就是第一版的美國「棄台論」。當年，美國將意識形態的顧慮置於其次，選擇了欲與新生的共產主義中國建交。反而是中共對共產主義全球化的理想性有所堅持，所以拒絕了美國。毛澤東親撰〈別了，司徒雷登〉一文，斷然把美國趕出了中國。

二、地緣政治：一九五〇年韓戰爆發，冷戰因此濫觴。台灣一夕之間成了「自由中國」、「第一島鏈上不沉的航空母艦」。在此後階段，台美關係皆在「冷戰／意識形態／地緣政治」的交錯激盪之中，一直到一九七九年美國與中共建交，這是美國的第二版「棄台論」。

三、中國崛起：在中共改革開放及全球化下，中國快速崛起，美國在「擁抱熊貓 vs. 殲滅惡龍」之間猶豫擺盪，於是出現了前述「台獨違反台灣利益／美中共管台海」的戰略判斷，因此有了「雙重嚇阻」。

四、國家主義：川普的「美國第一」，在美國的民粹焦慮下，異化成「中國讓美國不能第一／美國絕對不能讓中國變成第一」，於是美中關係急劇惡化成「修昔底德陷阱」，國家主義成為衝突的核心，美國竟異想天開想把台灣變成發動圍毆中國的一隻誘餌，而激怒中國的最有效方法就是將台灣台獨化、烏克蘭化。於是，「美國要第一／台灣須效死」，「雙重嚇阻」遂告歪斜。

五、美國黨爭：事態至此，美中台關係儼然已成美國兩黨鬥爭最糾纏的民粹議題，黨爭的內涵其實已溢過美中兩國鬥爭的實質。因此，目下所見，在美國明年總統大選的氛圍下，這場「中美大戰」其實已大半變質異化成美國兩黨甚至個別政客與軍火商的一個政治劇場，相互表演如何更加敵對中國，又爭相到台灣打卡並提款。

至此，台灣的角色甚至淪落至在總統官邸及總統府接見舉世惡名昭彰的戰爭販子波頓的地步，民進黨的自我作踐已至無以復加，台灣竟成了美國黨爭政客刷存在感的玩物。

綜上所論，這五個維度，由一九四九年「等待塵埃落定」的白皮書，到二〇二三年蔡英文在官邸接見戰爭販子波頓，台灣已由不沉的航空母艦淪落至美國操作的巷戰刺蝟，這是不是每況愈下？是不是自甘下流？

當下的情況是：一方面美國不斷壓迫台灣「布雷／義務役延長／軍備競賽／高中生列冊／警察平轉戰／全民AK四七／提前部署軍火庫／巷戰／揚言炸毀台積電」等等，要將台灣刺蝟化，另一方面更有意識地縱容民進黨操弄「務實台獨／借殼台獨」，欲藉此將台灣用為對中國「引戰」的誘餌烏克蘭。

其間，美國從未宣示這樣的操作可以成就台獨或保全中華民國，只是一再強調必須阻止中國超越美國，這不啻是美國自一九四九年來首次公開當面向台灣當局強推「毀台／遏中／擁美」的焦土刺蝟方案，而居然能獲得民進黨當局言聽計從、毫無保留的應命配合，這才是一九四九年來空前未有之奇事與醜事。

美中之間可戰可和，但民進黨竟使台灣走上「台獨刺蝟路線」，卻使台灣陷於只能戰不可能和的死地，逼使兩岸問題不但不能和平解決，甚至不能和平發展。

台灣成了一隻餌，中共不知是否會上鉤，但餌自己必須先一直掛在鉤上。而且，為了展示做為一隻餌的忠貞，民進黨以「務實台獨」對美國呈上投名狀，這正是美國轉向青睞台獨的原因。試問：這只餌鉤究竟是鉤住了中共？還是鉤住了台灣自己？

民進黨真的決定要台灣為美國做一個永遠在牛棚裡待命的板凳烏克蘭嗎？

台獨就是引戰，但兩岸開戰不可能成就台獨，也毀了中華民國。小布希政府稱

「台獨操作違反台灣的利益」，但美國現在的「雙重嚇阻」已經歪斜失衡，公然縱容台獨，正在做違反台灣利益之事，而可笑可恥的民進黨竟妄以做為美國的在地協力者沾沾自豪。嗚呼，哀哉！

二〇二三年五月二十一日

第三部

從大地板中國到大屋頂中國

大地板中國，就是一中各表，你不消滅中華民國，我不台獨，兩岸穩住中華民國，不要鑿穿了這塊大地板。

大屋頂中國，就是在中華民國與中華人民共和國之上，有一個「上位概念」或「第三概念」的「中國」，像一個大屋頂。

兩岸應當思考，從封底的大地板中國，走向不封頂的大屋頂中國。

在大地板上，你不吃掉我，我不吃掉你；在大屋頂下，我包容你，你包容我。封底，不封頂。

定錨中華民國，共構和平競合。

大屋頂中國下的兩國論

互視為不是外國的國家

蔡英文說，「中華民國與中華人民共和國互不隸屬」。是不是兩國論，引發議論。

兩國論有三種：

一、台獨的兩國論：就是「台灣中國，一邊一國」。但「法理台獨」已經變成「借殼台獨」，因此就由「台灣中國，一邊一國」變成了「中華民國與中華人民共和國，一邊一國，互不隸屬」。此時的「中華民國」只是一個殼，已非「中華民國」，已經脫離了中華民國的憲法意義與歷史傳承。

民進黨的《台灣前途決議文》，就是在反對「一中原則」及揚棄「一個中國」下，主張「中華民國與中華人民共和國互不隸屬」。此為台獨的兩國論。

謝志偉吐血舉國旗，即是典型的台獨兩國論。

李登輝的「兩國論」，因其人格傾向，亦被解讀為台獨兩國論。

二、「一中原則」爭議造成的兩國論：主張中華民國是主權獨立的國家，並認為或默認中華人民共和國相對亦是主權獨立的國家（非叛亂團體，動員戡亂時期已終結）。唯對主權的意涵，或主張互不承認，或主張相互涵容（例如，主張一國兩區）。

至於「一個中國」的議題，中共對國際主張「中華人民共和國是代表中國的唯一合法政府」，但始終未在面對台灣發言時公開主張「一個中國就是中華人民共和國」；僅屢申「一中原則」，但未明言「一中原則」的定義為何。

台灣方面，則在國民黨執政時期依據「一中憲法」，主張「一個中國就是中華民國」，或稱「對於一個中國的意涵，認知各有不同」（一中各表，否定一個中國是中華人民共和國，但未否定一個中國）。

當台灣與大陸對「一個中國」的意涵出現歧義，分別持守「中華民國vs.中華人民共和國」之時，其實就形同是兩國論。

唯這種兩國論與台獨的兩國論不同。因為，在這個架構中，中華民國並未脫離中華民國的憲法意義與歷史傳承，不會說「七十二年來的中華民國」。

但由於「一中各表」毀於中共，此種兩國論失去憑藉。國民黨亦告邊緣化。

三、大屋頂中國的兩國論：此說主張，在中華民國與中華人民共和國之上，有一「第三概念」或「上位概念」的「大屋頂中國」。因此形成分治而不分裂的架構。此即第三種的兩國論。

兩國論的根源在中共始終操作的「中華民國已經滅亡論」。中共主張中華民國已在一九四九年滅亡，並以外交、政治及軍事威脅等暴力工具，不但指「台灣不是一個國家」，也強要台灣接受「中華民國已死，不是一個國家」的地位。台灣不能稱自己是中華民國，甚至不准稱「台灣」，只能稱「中華台北」或「個別關稅領域」。

這些都是中共暴力造成的效果，卻在事實上造成一組悖論。中華民國是歷經七次總統直選、兩次政黨輪替的國家，這是事實；但中共卻強要台灣接受「中華民國已死，不是一個國家」的政治判決，也是事實。

但是，台灣當然不能接受「中華民國已經滅亡論」，無法接受「中華民國不是國家」。於是，中華民國若自認是一個國家，就必然進入前述三種兩國論之一。

這三種兩國論都不可能在事實上否定「中華民國是一個國家」。台獨的兩國論，只是把「中華民國是主權獨立的國家」變成「台灣國」的殼。一中原則造成爭議的兩國論，則繼續「認知各有不同」，各說各話。大屋頂中國的兩國論，則欲在「分治而不分裂」中尋找兩岸出路。

若走向台獨的兩國論，兩岸不可能有和平。走向一中原則爭議的兩國論，兩岸各持排他的主體性，失去維繫的連結點。走向大屋頂中國的兩國論，則主張兩岸各有主體性也互有連結點。

大屋頂中國：在大屋頂中國下，中華民國是民主中國，中華人民共和國是社會主義中國；二者皆是一部分的中國，互視為不是外國的國家，同屬一個（大屋頂）中國，亦即兩岸主權相互含蘊並共同合成的一個中國。

在大屋頂下「互視為不是外國的國家」，此說出自昔日東西德的理論，可說就是「兩國論」。

其實，當年的「大屋頂德國下的東西德」與今日「大屋頂韓國下的南北韓」，雙方皆是聯合國會員國，「互視為不是外國的國家」。人家可以，但兩岸不行，中共堅持中華民國已經滅亡。

如今的問題是：中共主張中華民國不是國家，但台獨卻劫持了中華民國，演成借殼台獨的兩國論。賴清德說：一九四九年後，中華民國已經在台灣新生了。

此一情勢，對中共及民進黨皆是嚴重考驗。

對中共言。在民進黨的「借中華民國殼的台獨」，與美國的「借一中政策殼的一中政策」之下，切香腸切切切，最嚴重的想像是台灣可能變成向西推進兩千五百公里的「巨型關島」，名字仍叫「中華民國」。此一想像也許太極端，但這個趨向卻已經出現。

更值注意的是，在這個過程中，台灣人民因「懼統容獨」發生的政治認知變化，可能使「借殼台獨的兩國論」成為主流民意，因為在「中華民國台灣」之下，華獨與殼獨合流。

中共面對這個「不正名制憲的借殼台獨」，武統無藉口，和統無民心，恐怕香腸就要被切到底。軍機繞台停不住，兩岸和平就絕望。

對民進黨言。此際，民進黨是站在「台獨的兩國論」上，大陸若決心發動超限報復，台灣必定承受不起，民進黨要有魚死網破的準備。但是，民進黨其實仍有操作情勢轉向「大屋頂中國兩國論」之可能性，引領中共正視中華民國存在的事實。因為，台獨是中共「中華民國已經滅亡論」的產品。

因此，對中共及民進黨雙方言，若能達成「你不消滅中華民國，我不台獨」的默契或共識，就可能建構起分治而不分裂的「大屋頂中國」。

中共曾一再主張，「雙方各自規定符合一個中國原則」，現在應可正名為「雙方各自憲法」；又稱，「大陸與台灣同屬一個中國」，現在可以考慮「中華人民共和國與中華民國同屬一個中國」。此即「大屋頂中國」。

中華民國與中華人民共和國互不隸屬，但中華民國與中華人民共和國可以同屬大屋頂中國，互視為不是外國的國家。

若問，大屋頂中國還有沒有統一議題？答案是：若是「互統一」，就仍是大屋頂中國。

兩岸搞到今日這種不可收拾的局面，主要根源即在中共與台灣共持「中華民國已經滅亡論」。解方就在：雙方定錨於中華民國。

二〇二一年十月十七日

台獨公投與統一公投

台灣的兩岸戰略有兩個體系：①中華民國體系。②台獨體系。

二者最大的歧異在於：中華民國體系必須處理「一個中國」及「統一」的議題，台獨體系則完全否定「一個中國」及「統一」。

中華民國體系必須站此立場的原因是：①在法理上，依據「為因應國家統一前需要」的「一中憲法」，這是必須面對的憲法議題。②在現實上，如卜睿哲說「台灣不能讓中國對統一絕望」，統一議題遂成為維持及節制兩岸互動的重要機制。③就競爭言，如何處理與台獨在「一個中國」及「統一」議題上的政治角力，成為中華民國體系能否立足台灣的基本考驗。④就宿命論，只要中共不放棄「統一」議題，台灣就必須面對。⑤就信念言，認為中華民國體系是抗衡中共的唯一可能戰略。

但是，「一個中國」與「統一」已愈來愈成為台灣政治的負面概念。中華民國體系若欲突破困局，必須進行兩種嘗試：①設法掌握「一個中國」的定義權。②設法想出管理與節制「統一」的方法，進而使「統一」由負面概念轉為對台灣有利的正面機制。

「統一公投」就是管理與節制統一的正面機制。且在「統一」的思維獲得正向認知轉換後，「一個中國」的議題也會出現戰略解讀的空間。

我在一九九八年八月十八日的《聯合報》社論首次提出「統一公投」的概念，這也是「統一公投」一詞首見於輿論領域，標題是〈重建大陸政策：統一公投與台灣機能國際化〉。社論說：

「統一公投」與「台獨公投」的主要差異是：前者是在統一議題出現時，由台灣民眾決定「要不要與中華人民共和國統一」；後者則是由台灣民眾決定「要不要推翻中華民國」。

此後，我就常在社論中討論統一公投。

顯而易見：台獨公投，對台灣內部及對兩岸皆具攻擊性，不可能實施；統一公投則在實質上具有防禦性，是在反映民意的主體性，以民主投票來保衛人民的選擇權，且是在兩岸關係上進退攻守皆具的機制。

當年，有一位民進黨的青壯精英說：「真厲害，提出統一公投。」

第二年，一九九九年五月，民進黨公布《台灣前途決議文》主張：「任何有關（台灣，依據目前憲法稱為中華民國）獨立現狀的更動，都必須經由台灣全體住民以公民投票的方式決定。」

這已不是「台獨公投」，而是「任何有關改變獨立現狀的公投」。引申其義，應也包含「統一公投」。

在「統一公投」機制下，「統一」就不再只是「被統一／被併吞」等負面意涵，充滿了失敗主義。至此，「統一公投」即成了一個主體性操之在民主與民意的議題，亦即成為一個可以管理與節制統一的機制，甚至成為在兩岸互動中台灣最重要的一個防衛機制。

相對而言，「台獨公投」已無可能。民進黨的「務實台獨／借殼台獨」屢申，「台灣是一個主權獨立的國家，不必再宣布獨立」，如賴清德者更公開宣示不主張「獨立公投」。於是，民進黨當下操作的「借殼台獨兩國論」，遂成為未經公民投票同意的台獨路線。

台灣民眾在面對台獨時，失去了「台獨公投」的自決權；因此更不能在面對兩岸時，失去「統一公投」的自決權。

面對統一，中華民國只要能掌握「如何統一」的主體性，就可掌握「是否統一」的決定權。「統一公投」就是要做這件事。

再者，對於中共來說，兩岸最大的困局是「統一」議題在台灣已經幾乎完全流失。主要原因，即在那一套「被統一／被併吞」、「一國兩制」的統一架構不容於台灣民意。其實，中共亦對此早有警覺，因此才有「和平統一」、「心靈契合的統一」之說。

問題是，如果要追求「和平統一」、「心靈契合的統一」，那就必須遵循「民主統一」，而「民主統一」就一定會連結上「統一公投」。因此亦可說，若無「統一公投」，則統一議題已死，再無存在的空間。

所以，若想追求「心靈契合的統一／和平統一」，中共也應當理解「統一公投」是一個繞不開的程序。

更直白地說，事到如今，如果連「統一公投」都不能主張，台灣還有可能談「統一」嗎？

馬英九即主張過「統一要經過公民投票」。倘若台灣民眾能體認，「統一公投」

是中華民國能夠用來管理及節制「統一」的機制，因此是中華民國最重要的防衛工程，那麼，「統一」這個議題才有可能在台灣繼續存在。

但是，話說到此，兩岸皆必須體認，兩岸最實際的問題其實是在「維持和平競合」，而不是強求「統一」。

「競」是指政治績效的比較，如大陸曾借鏡台灣的經濟發展模式，以及中共迄今仍想用「全過程人民民主」之類的說法來解釋「民主」，可見怎麼甩也甩不掉「民主」的價值概念，亦可見中華民國的「民主」值得珍惜；「合」則如廿三項協議及馬習會等。善用和平競合，可以增進兩岸的「心靈契合」，累積進一步整合的條件；否則，若使「被統一」成為一個猙獰恐怖的負面概念，反而成為兩岸「和平競合」的主要障礙。

因此，中共若真心追求「和平統一／心靈契合的統一」，不再有「誰吃掉誰」的思維，就應接受「統一公投」的概念，統一的議題始可能轉化為正向的內涵與形象。

統一公投有三大效應：①維持現狀。②和平競合。③選擇未來。

台獨公投則完全相反。

經過解嚴後三十餘年的兩岸震盪，「台獨公投」已無未來可言，借殼台獨則只是困獸之鬥以至於作繭自縛而已。兩岸若欲和平競合，就必須改變「被統一／被併吞」的統一形象，那麼，「統一公投」及「互統一」皆是可以思考的可能路徑。在這個思維體系下，「一個中國」就是「大屋頂中國」。

如此，「一個中國」與「統一」這兩個難題，也許就有了答案：兩岸現在就是「大屋頂中國」（一中各表／現在進行式的一個中國），未來也可以是「大屋頂中國」（統一公投／共同締造論／互統一）。

如果「歐盟」也可以被發明並運作，那麼「大屋頂中國」也不是不可想像的。只要不是「誰吃掉誰」即可。

「統一公投」可觸發民間對台獨體系與中華民國體系之間的再思考與再比較。沒有「台獨公投」，中華民國就更須有「統一公投」的保護。

這是「台獨公投」與「統一公投」之間的抉擇。

二〇二一年十二月十二日

十思中共對台總體方略

用中華民國救兩岸

中共二十大，習近平將依新憲進入第三屆任期，並提出「新時代黨解決台灣問題的總體方略」。

習近平曾說：祖國必須統一，也必然統一。這是七十載兩岸關係發展歷程的歷史定論，也是新時代中華民族偉大復興的必然要求。

本文建議，此一「總體方略」最好不要太過強調三種性質：一、個人化（太過與習近平個人的政治企圖掛鉤）；二、旗幟化（太過與「統一是中華民族偉大復興的必然要求」掛鉤）；三、時間表化（太過與第二個一百年掛鉤）。

否則，這三個掛鉤極可能使中共墜入「自我承諾的陷阱」，屆時恐引發吞不下又吐不掉的政治危機，騎虎難下。

本文建議，「總體方略」應有下述十路思考：

一、首先，應與「中華民族偉大復興」及「第二個一百年」脫鉤。喬良說：「台灣問題並非中國復興大業的全部內容，甚至連主要內容都談不上。」章念馳說：「當今中國究竟是民族復興為大，還是武統台灣為大？」亦即，首先不要輕率定下作繭自縛的時間表。

二、應與習近平個人的政治企圖脫鉤。習近平自我冠名創設「新時代習近平中國特色社會主義思想」，言必稱「黨十八大以後」；此皆透露以個人主義及英雄主義做為斷代的工具，以個人的人設與企圖為時代目標。但「兩岸」問題畢竟是一個牽涉全歷史、全世界及全文明的課題，並非「兩岸」自己所能關門解決，因而不應過分綁定在個人的意志與企圖上。

三、俄烏為鑑，「兩岸」問題不可能由「兩岸」自己解決，因此必須使兩岸問題從「國共內戰」的盲區與誤區中走出來，亦即應當從全歷史、全世界、全文明的視角，來提出「解決台灣問題總體方略」。

四、於是可問：「統一」是什麼？「統一」是不是等於「消滅中華民國」？一個專政政體如果以消滅一個民主政體為「偉大復興的必然要求」，這算是什麼「偉大」？這對全中國與全世界的歷史與文明如何交代？

五、兩岸問題不容武力解決。武統是國難，也是國恥。若是硬要武統，那就可能面對國際的反撲，借鑑俄羅斯今日處境，屆時發動武統者恐將面臨「被開除地球球籍」（毛澤東語）的後果。因此，「總體方略」不應再有「不能和統，就只能武統」的意識，而應轉向「不能武統，就只能和統」的思維（如果不能放棄統一論述的話）。

六、思考的主軸，首要在中共必須走出「馬克思列寧主義基本原理」的旗手形象，在全歷史、全世界、全文明的視角上，透露出中共仍有民主轉型的意願及可能性，使中國成為一個可信可愛可敬的國家，以此為「中華民族偉大復興」的「必然要求」，並藉此回報中國人及世界的期待。這也許就是章念馳所說「統一三點」中的兩點：①要讓被統一的一方心悅人服。②要得到國際社會的理解、同情、支持、安心，而不是焦慮與害怕。章念馳的話是對中國的赤膽忠心。台灣問題的解決，應當獲得兩岸與世界的「心靈契合」。

六、兩岸要和統，就不能定時間表，也就必須從「中華民國已經滅亡論」，轉向「中華民國不可消滅論」。亦即必須設法使中華民國在「統一前」不致異化、掏空、變質、流失。因此，「總體方略」的戰略重點，應當從強調統一的「目的論」轉向努力維持中華民國的「過程論」。亦即將戰略重心從「和平統一」轉向「和平發展」。在「過程論／和平發展」中，中共不能只主張「台灣是中國的一部分」，更要接受「中華民國是一部分的中國」。

七、國台辦呼籲大陸人民：「反台獨，不反台灣。」對台方略若由「目的論」移向「過程論」，即應當由「反台獨，不反台灣」推向「反台獨，不反中華民國」。如此，在大陸民意認知「中華民國不是台獨」，及台灣人民認知「不容台獨異化中華民國」之下，兩岸始可能在「你不消滅中華民國，我不台獨」的「兩不路線」下，維持「和平發展」。亦即，中共必須承認或默認「中華民國的分治而不分裂，即是現在進行式的一個中國」，如此兩岸始有在「大屋頂中國」的概念下「和平發展」的可能性。

八、中華民國已漸被台獨掏空，國際間的「一中政策」也正在掏空。兩岸的危機正在這種「雙掏空」，亦即，幾已「求維持中華民國」而不可得。而中華民國之所以「幾不可得」，主因源自中共的「中華民國已經滅亡論」。欲挽狂瀾於既倒，中共確實應當細思「反台獨，不反中華民國」的深義。

九、俄烏戰後，世局丕變，兩岸架構也已完全不同。中共「剋期統一」的目標已幾無可能，因此應將目標移換至「在隔岸維持一個友善的中華民國」，徐圖未來。最近，蔡政府提出「中華民國不算台獨」的論述，在爭議中其實存有生機，北京不必不經思考地加以撲殺，如能循原本存在的「兩岸各自規定（憲法）符合一中原則」的思路加以回應，或許即可能相向而行，共同建立「中華民國不是台獨」的共識。這應是蔡英文任內最冒險也是最後一次的轉型試探。這次北京如果再不開門，今後恐就再不會聽到叩門聲了。

十、倘若沒有和平發展，武統喧囂，兩岸將陷入長期不可測的「不和平發展」。倘係如此，一方面大陸民意「反台獨，又反台灣」，另一方面中共亦以「統一」是「中華民族偉大復興的必然要求」，甚至是「習近平新時代的政治承諾」，兩者相互捆綁，在這種背景下建構的「總體方略」，勢將使兩岸關係不可能「和平發展」，因而也必使中國的「和平崛起」平添變數。

習近平新時代，是個人英雄主義的斷代方法。歷史長河，漫漫悠悠，不可貿然決堤改道。本文認為，在此時際，與其用「習近平新時代」來規畫「台灣問題」，不如以「俄烏變局後時代」的概念來思考「總體方略」。因為，「兩岸」問題真的不是

「兩岸」自己能關門解決，必須面對全歷史、全世界、全文明。

中華民國不是台獨。兩岸應當共同用中華民國來救兩岸，定錨在中華民國，和平發展；否定中華民國，就沒有和平發展，就不會有「未統一，但和平」的兩岸關係，更不可能有「和平統一」。

二〇二二年四月十日

白皮書的燈下黑

從海基會第八方案再出發

習近平曾與馬英九將兩岸關係推至馬習會的巔峰。但總結習十年的兩岸操作卻是一個大失敗：一、九二共識推車撞壁。二、一國兩制踢到鐵板。

八月十日，中共發布《台灣問題與新時代中國統一事業》白皮書，仍以「一國兩制」與「九二共識」為主軸。但若不能省思「一國兩制」與「九二共識」何以失敗，白皮書所指出的道路其實仍是覆車之轍。

七月間，中共涉台部門的兩大動作，或許可視為中共其實也在進行相關省思：一、汪洋在「九二共識三十週年」的談話，顯現出兩岸論述層面的調整。二、國台辦的《「九二共識」系列微講座》八集，則是兩岸操作層面的調整。

國台辦的《微講座》透露了在九二共識操作層次的調整，重點在強調海基會的

「第八方案」。

馬曉光在《微講座》中說（以下本段皆原文）：海基、海協會在一九九二年十月底於香港進行工作性會談，海協會提出五種堅持一個中國的表述方案，海基會也拿出八種方案。其中第八種，也就是口頭表述方案，提出「在海峽兩岸共同努力謀求國家統一的過程中，雙方均堅持一個中國的原則，但對於一個中國的涵義，認知各有不同，並建議以口頭聲明方式各自表述」。

本文註：第八方案即原汁原味的「一個中國／各自表述」。

接著，馬曉光說出了重中之重，他說（以下為原文節要）：海協會正式致函海基會……在海協會這封函件當中，也以附件方式將海基會在香港提出的第八種表述方式附在函後，做為雙方彼此接受的共識內容……至此雙方都認為經過協商達成共識，也就是後來的「九二共識」。

本文註：上文重點在，海協會以覆函附件確認第八方案（一中各表）為「雙方彼此接受的共識內容」。

國台辦《微講座》的這個大動作，呈現了中共當局在九二共識操作層次的大轉彎、大迴旋。

中共對九二共識的操作，大約經歷了三個階段：一、二〇〇五年連胡會後，中共標榜「求同存異的九二共識」，當年的國台辦主任王毅說「求同存異是九二共識的真諦」，當時中共更有「一個中國符合雙方各自相關規定」的說法（憲法說）。當年中共說的「求同存異」，其實就是台灣說的「一中各表」，二者幾乎可視為同義詞。至習近平上任，雙方仍存此種「共識」，馬習會即可視為「求同存異／一中各表」的高度體現。

二、二〇一六年蔡英文就任總統，中共開始施壓，一方面將「一中各表」定為禁忌語，另一方面改稱「體現一中原則的九二共識」，淡出了「求同存異」，遑論「第八方案／一中各表」。

三、二〇一九年元月二日，習近平談話，首次提出「共謀統一的九二共識」，並高舉「和平統一／一國兩制」。數小時內，民進黨就將「九二共識」與「一國兩制」掛鉤。於是，九二共識推車撞壁，一國兩制在台灣更形同過街老鼠，呈現習近平十年兩岸政策的大失敗。

以「第八方案」言，九二共識有三大元素：共謀統一、一中原則、一中各表。三者相生亦相制。中共欲僅強調「共謀統一／一中原則」，卻壓制「一中各表」，是造成九二共識推車撞壁的原因。現在國台辦若回到「第八方案／三大元素」，就是想要回到「求同存異」，也就是回到完整無缺的九二共識。亡羊補牢。

因此，汪洋如今宣示：九二共識就是「求一個中國的大同，存兩岸分歧之小異」。

汪洋回到了「求同存異」，沒什麼比這更清楚了。這當然是中共兩岸論述層面的大轉彎、大迴旋。

其實，在習近平「元二談話」說出「共謀統一的九二共識」被民進黨與「一國兩制」掛鉤後，中共立即發現失算，並迅速發動搶救九二共識。十四天後，元月十六日，國台辦記者會就原原本本地複述了海基會「對於一個中國的涵義，認知各有不同」等語，嘗試回到「求同存異」，但尚未提「第八方案」。至二〇二〇年九月，國台辦又鄭重發表《九二共識答問七篇》，首次完整複述「海基會第八方案」，並稱「九二共識體現了雙方求同存異的智慧」。到了這次《微講座》，更揭底說出「以第八方案附件做為雙方彼此接受的共識內容」。

九二共識雖已推車撞壁，中共卻更不能丟棄九二共識。

因為，中共如果只是要主張「一個中國／反對台獨」而已，其實根本不一定要用到「九二共識」這個載體。但是，只有九二共識具有「求同存異／一中各表」的機轉。如今，國民黨因不能維持「一中各表」而想丟掉九二共識；民進黨則一向指出九二共識沒有一中各表，沒有中華民國生存的空間，因此否定九二共識。於是，若九二共識沒有「求同存異／一中各表」，不但國民黨及民進黨的兩岸政策沒有出口，中共自己的兩岸操作也不會有出路。

近兩年來，中共已悄悄地將「體現一中原則的九二共識」轉向「堅持一中原則和九二共識」，並見諸此次白皮書。中間加了一個「和」字，一分為二，做出區隔。主要的原因，就在「九二共識」比「一中原則」多了「求同存異／一中各表」的出口與出路。

汪洋談話後，中國社科院台研所所長楊明杰又撰文指出，兩岸在九二共識對如何表述一中原則雖存一定的分歧，但分歧沒有阻擋共識的達成。

準此，中共不放棄九二共識，是正確的，如今回到「求同存異」也是正確的。尤其，公開接納「海基會第八方案」，視之為「雙方彼此接受的共識內容」，更是正確的。因為，第八方案就是中共的「求同存異」，也就是台灣的「一中各表」。

但是，此次白皮書仍然刻板如故，見不到這類比較生動的操作。這正是白皮書的燈下黑。

其實，不是要堅持「九二共識」這只洗澡盆，而是不能扼殺「求同存異／一中各表」這個具有未來性的盆中嬰兒。此嬰若死，兩岸形同絕後。

搶救九二共識。沒有求同存異就沒有九二共識，沒有一中各表就沒有九二共識，沒有中華民國就沒有九二共識，這是基本理路。

盱衡世局，兩岸關係日趨緊迫。此際應當是中共最希望能維持中華民國的時候，也正是台灣爭取中華民國地位的最佳時機。

確認海基會第八方案為「共識內容」，是搶救九二共識的正確路徑。當然，這條路仍待披荊斬棘，卻是兩岸再出發的正確起點，何況發想出自國台辦。

二〇二二年八月十四日

「目的論」移向「過程論」

共創「新型兩岸關係」

在習近平自稱的「新時代十年」中，兩岸關係曾在他的首屆登上馬習會的巔峰，但如今在他將進入第三任時卻跌至幾乎每天兩岸機艦目接對峙的極凶險情勢。

從大戰略的角度來看，台灣問題應可說是習近平「新時代十年」的最大失敗。一方面已使兩岸關係陷於蔣經國打開僵局後的最惡劣時期，也使台灣問題成為中國在國際發展崛起的最大牽絆。此皆可謂大失敗。

習近平給二十大的涉台報告，並未完整揭示所謂的「新時代黨解決台灣問題的總體方略」，但即使未見全貌，應當已呈要點。然而，這戔戔五百餘字，說輕一點是雷聲大雨點小，說重一點則是陳腔濫調，可見中共在兩岸關係上沒有與時推移的創新能力。

有人曾期待在「總體方略」中能見到創新的兩岸論述，但看來恐告失望。中共常說，要建構「新型大國關係」或「新型舉國體制」云云；其實，如今當中共在面對「兩岸新時代」之時，也應認真考慮如何建構「新型兩岸關係」。

新型兩岸關係的主要背景是：一、一國兩制因為香港的「垂範」，在台灣已成眾矢之的，九二共識也因中共壓抑「一中各表」而失去生機。這些皆使中共的「和平統一」失去重要槓桿。二、俄烏戰爭使兩岸問題的國際化急劇上升，這又使中共的「武統」陷於斟酌。

亦即，和統沒有論述，武統不可輕試。因此，在未來相當時間內，中共的對台戰略，勢須由「和統／武統」的「目的論」，轉移至「定錨中華民國／共構和平競合」的「過程論」。亦即，統不統一已不好說，重點是在不使中華民國變質、異化、流失。這應當是「新型兩岸關係」的核心思想。

本文認為，若用正向思維來解讀習近平口頭談話的「重點版」，或許也可看出他十分細微的腳步移動。

此次報告，在重點版中，未提「一國兩制」與「九二共識」，而置於完整版中。這樣的安排，除了縮短篇幅，更重要的原因，可能是因「一國兩制／九二共識」皆是中共在兩岸操作的失敗印記，若留置於重點版中，其實是自暴其短版。

習近平的「重點」是：「我們堅持以最大誠意、盡最大努力爭取和平統一的前景。」「我們始終尊重、關愛、造福台灣同胞……深化兩岸各領域融合發展……促進兩岸同胞心靈契合。」

談話以「和平統一」為主軸，與汪洋在七月說「和平統一是第一選擇」屬同一口徑。二十大新聞發言人孫業禮又說：「但凡有一線和平解決的可能，大陸都將付出百倍努力，非和平方式將是不得已情況下做出的最後選擇。」再者，浮沉了一段時間的「心靈契合」四字，此次又重新回到習近平口中。整體訴求的取向，趨柔，趨軟，趨輕。

這樣的解讀或許大半出自本文的主觀期待，卻應當也是中共在因應「新時代兩岸關係」時的必然走向。

在反送中事件衝擊了台灣政局後，及俄烏戰爭影響了兩岸國際情勢後，「和平統一」成為主軸是回應國際，「心靈契合」又登檯面則是回應台灣的政情變化。這些皆是必然。

中共若仍放任武統叫囂或讓「心靈契合」消音，那恐怕絕不是習近平在第三任登程時喜歡的伴手禮。

「新型兩岸關係」的主體論述應當就是：「定錨中華民國／共構和平競合」。這在台美中三方其實存有交集。

就美國言，不論其論述如何翻覆變化，但迄今「維持一中政策，反對任何一方片面改變現狀，不支持台獨，和平解決兩岸政治分歧」仍是美國主體論述的標配。此一論述若落實到現實，就是「中共不武統／台灣不搞法理台獨」；直率而言，可謂就是「定錨中華民國／共構和平競合」。亦即，節制統獨的「目的論」，維護「過程論」。其實，此種國際情勢的維持已是非常不易，中共應知中華民國確實是台美中三方的共同護欄。

就台灣言，馬英九時代的「九二共識／一中各表」「不統／不獨／不武」，可謂即是「定錨中華民國／共構和平競合」。

至於蔡英文政府，未正面說「反對統一」，而說「反對一國兩制」；未正面說「反對一中各表」，而說「反對沒有一中各表的九二共識」；沒說「反對台獨」，而說「中華民國不算是台獨」；說「中華民國與中華人民共和國互不隸屬」，但未說「台灣與中國互不相屬」。凡此種種，皆顯示蔡政府在錯亂的兩岸操作中，迄今並未否棄中華民國這個根本立足點。

但是，中共一方面用台獨標籤鎖死蔡政府，另一方面又不打開中華民國的出路，這當然是困住了蔡英文，其實也是困住了中共自己。

再論中共。習近平說，絕不承諾放棄使用武力，但稱，這是為了「反台獨／反外力干涉」。然而，中華民國不是台獨。但中共對於馬英九時代主張的「一中各表」，及蔡政府宣稱的「中華民國不算台獨」，卻未能給予適當的回應。打壓「一中各表」，使台灣反台獨的民意失去主體支撐；無視民進黨「中華民國不算台獨」的試探，則使台獨尋無轉型的空間。

要使台灣不異化，就要維持中華民國，此為至明之理。中共的「新時代黨解決台灣問題的總體方略」，若仍以吞滅中華民國為目標，如何可能與台灣人民「心靈契合」？又怎麼可能「和平統一」？

一九九七年，香港以「一國兩制」回歸之際，時任海協會會長的汪道涵提出「現在進行式的一個中國」與「共同締造論」，可謂是在過程論及目的論中，皆維持了中華民國的元素。這樣的高瞻遠矚，也可謂就是：「定錨中華民國／共構和平競合」。

習近平的新時代可能充滿機遇，但也可能面臨前所未遇的重大考驗。世局對中共的壓力有增無已，而台灣問題已經成為中共內外治亂的關鍵。台灣問題搞不定，中共內外皆難搞定。要搞定兩岸關係，和統尚待心靈契合，武統則是罪大惡極，因此必須放緩「目的論」，關注「過程論」，定錨中華民國，共構和平競合。

精粹地說，「新型兩岸關係」就是從「中共與台獨皆要消滅中華民國的兩岸關係」，移向「中共與台灣共同維持中華民國的兩岸關係」。兩人跳探戈，建立「新型兩岸關係」，應如習近平說「以最大誠意，盡最大努力」，亦應如蔡英文說「這是兩岸共同的責任」。

二〇二三年十月二十三日

白石鎮的紅地毯①

從中華民國走回中國

三月廿七日，馬英九偕大九學堂一行抵達上海浦東機場，未見禮賓的紅地毯。其實，這條「紅地毯」是在五天後鋪在湘潭縣的白石鎮。

四月一日，馬英九赴白石鎮祭祖。迎賓者將通往墳塋的水泥田埂，用紅色木板架起蜿蜒約兩百公尺的棧道加以拓寬，這才是足可載諸史冊的一條別開生面的「紅地毯」。

馬英九此行有兩個身分。一個是在祖塋前拭淚體證父祖「家庭教育沒有失敗」的馬家兒孫，一是在中山陵動議「和平／奮鬥／振興中華」的兩岸共好倡議者。此行他在這兩個身分的表現，都配值走在紅地毯上。

這是一趟「謁祖尋根」之旅。謁四個「祖」，尋四個「根」。

一、白石鎮祭祖：幾度提及「慎終追遠／民德歸厚」、「祖澤與孝思」。馬英九在爺爺墳前的泣淚，多多少少也觸動了天下父母及兒女的心思。無忝爾所生，幾人能夠？

二、中山陵謁陵：這是對中華民國的謁祖尋根。謁陵後，馬英九發表談話，先將講稿的近四十個字的標題逐字唸出：「民國一一二年三月廿八日馬英九前總統率馬英九基金會同仁與同學敬謁南京中山陵致詞」。

就此，將南京中山陵的中華民國，與民國一一二年今天在台灣的中華民國連結。此後，在他的談話中，「中華民國／三民主義／五權憲法／中華民國憲法／中華民國總統／憲法一中／一國兩區／原汁原味的九二共識／兩岸隔海分治」等符號及概念就陸續開閘而出。中華民國，根自大陸；中華民國，花果在台灣。這應是馬英九想表達的意識。

三、連結兩岸共同的祖與根：此次行程的兩條主線，是以中山陵及南京總統府串起來的「中華民國行程」，與各地抗戰史蹟串起來的「抗戰史行程」。因而，此行不但是中華民國在大陸的歷史尋根，其實也是中華民國與中華人民共和國的共同歷史溯源。因為，中共也是出生自中華民國。

中共迄今仍自稱是「孫中山最忠實的繼承者」；中共也必定承認，艱苦抗戰的勝利是由全民以中華民國共同贏得。馬英九想說的是，中華民國在孫中山及抗戰時皆是中華民國，則今天中華民國一一二年的中華民國，當然仍是中華民國。這是兩岸必須誠實面對的從未斷裂的共同歷史與事實。中華民國（包含辛亥革命與抗戰等）其實是兩岸共同的根源。

四、中華民族的謁祖尋根：兩岸撕裂，「中國／中國人／中華民族」皆成尖銳及衝突的語詞，馬英九此行則將「炎黃子孫／中國／我們中國人／兩岸中國人」說得理所當然。

許多人注意到馬英九面邀大陸高校生來台灣參與祭孔，他是在表示，台灣其實有較大陸更「中國」的中國元素。

馬英九更轉化孫中山的遺囑「和平／奮鬥／救中國」為「和平／奮鬥／振興中華」，有了時代性，也使我想到習近平的「三大倡議」。

馬英九說的「和平」可說是「兩岸和平倡議」，可比對習近平的「全球安全倡議」。馬的「奮鬥」是「兩岸發展倡議」，可比對習的「全球發展倡議」。馬的「振興中華」甚至可視為與習的「中華民族偉大復興」對應，是「兩岸文明倡議」，可比對習的「全球文明倡議」。

如果將馬的「和平／奮鬥／振興中華」與習的「中華民族偉大復興」相對應，兩岸會有更高遠的各自與共同的空間。

大陸有人批評馬「只說和平，不談統一」，但「振興中華」卻是一個可以高於並大於「統一」的概念。

振興中華，可以和平統一，但也可以雖未統一，但和平發展。

綜上所述，馬英九這趟謁祖尋根之旅，主要想呈現的也許是如前文所說：中華民國，根自大陸；中華民國，花果在台灣。台灣不要自己斬了根，大陸不可滅殺了花果。

馬英九此行能將「中華民國」展開到這樣的程度，令許多人感到驚奇；相對而言，接待方中共能讓馬英九將中華民國揮灑到這種程度，尤其令更多人驚異。

聯合新聞網專欄《重磅快評》指出：這意味著北京已經領略，台灣人民必須藉由「中華民國」而不是「中華人民共和國」走回「中國」。若不由此徑，台灣人民反將走向台獨。

亦即，中共應已警覺，兩岸當前重中之重，是在必須維持中華民國。

馬英九當然更看清了這樣的情勢。馬此行的操作即可視為嘗試將中共從「中華人民共和國路徑」轉向「中華民國路徑」的引導。

這如同我主張了逾卅年的「杯子理論」：中華民國是杯，台灣是水；杯在水在，杯破水覆。

台獨與中共都不要打破這只杯子。

馬英九此行已將藍綠紅三方都帶進了深水區。藍若不能藉此情勢建立以「一中各表」為主軸的兩岸論述來說服選民，恐怕再難有翻身的可能。綠若仍以否定「中國／中國人／中華民族／四九年以前的中華民國」的台獨意識為政治基調，而將「和平保台」實際上操作成「和平保台獨」，則兩岸勢將一路走到黑。「台獨與和平水火不容」，民進黨可以討厭王滬寧的這句話，但不能不思考這句話的真實性。

所以，馬英九的「中華民國路徑」，不但是說給中共聽的，更是說給藍綠聽的。

馬英九的操作可能超過了中共的預料，但因此也許已將中共推到進退兩難的處境。如果中共嘗試採行「中華民國路徑」，勢須有一個內外操作的大轉彎，顯非輕易。反之，如果仍堅持「中華人民共和國路徑」，則必須設法否定甚至斬斷馬英九此行效應的發酵發展。

中共若對馬英九此行改採否定的看法，即不但是與馬英九這個重要的（甚至是唯一的）兩岸介面人物的破裂，甚且是宣告與「中華民國路徑」的最後破裂，也是與台灣現存的寄望以「中華民國」與「中國」維持和平共好關係的反台獨民意的破裂。台灣必定走向「懼統容獨」之路。

中共如今不只是要回應馬英九，而是必須回應：台灣還有沒有中華民國？台灣還要不要中華民國？

面對馬英九指出的「中華民國路徑」，中共是要抽刀斷水？還是順水推舟？

看過馬英九此行，《大屋頂下》愈加希望藍綠紅三方能共同推進「新型兩岸關係」。舊的兩岸關係是「中共與台獨皆要消滅中華民國的兩岸關係」，新型兩岸關係則是「中共與台灣共同維持中華民國的兩岸關係」。

兩岸要從中華民國走回中國，中華民國本是來自中國。

二〇二三年四月十六日

白石鎮的紅地毯②

大屋頂中國就是一個中國

要解析兩岸關係，首先要釐清什麼是「中國」？什麼是中國？什麼是中國人？什麼是中華民族？什麼是中華民國？什麼是中華人民共和國？等等。

在馬英九訪陸及蔡英文赴美的這段期間，這些多面向的問題搬上了檯面。

馬英九說：「追求和平，避免戰爭，致力振興中華，是兩岸中國人不可迴避的責任。」由於他此行呈現了「憲法一中」及「一國兩區」，因此他所說的「中華」或「中國人」，應當皆是站在中華民國的立場發言。

民進黨發言人回嗆馬英九。他首先斷章取義地掐掉了馬英九和平避戰的頭兩句話，只留下「致力振興中華是兩岸中國人不可迴避的責任」。然後嗆說：「誰跟你是中國人？我們是台灣人，不是中國人。」但問題是：如果台灣人根本不是中國人，你說的中華民國還是中華民國嗎？

蔡英文到了瓜地馬拉。總統賈麥岱當面說：「對我們來說，台灣是唯一的真正中國。」未見蔡英文辯駁，她沒有說：「誰跟你中國，我們是台灣。」

美國眾院議長麥卡錫迎賓，在影音及印刷文書上均稱「台灣總統蔡英文」，綠營大受鼓舞，中共跳腳。但開個腦洞，麥卡錫若稱「中華民國總統蔡英文」，綠營會不會跳腳？反而中共是否會認為比稱「台灣總統」來得靠近「護欄」？

較早，中國外交部長秦剛秀出《中華人民共和國憲法》，稱「台灣是中華人民共和國神聖領土的一部分」。但馬英九在湖南大學則論及「憲法一中」及「一國兩區」。事實上存在兩部憲法，可謂「兩憲各表」。

秦剛這段話先說了一半，然後他接著說「對於兩岸來說，我們都有一個家，名字叫中國」，這段話卻與前段話出現邏輯上的斷裂。他說，兩岸都有一個「家」（沒說是「國家」），又說「名字叫中國」（沒說是「中華人民共和國」）。

因為，若說「兩岸都是一個國家，名字叫中華人民共和國」，這是中華人民共和國憲法也寫不出來的。

這些片片斷斷的剪影，已足呈現「中國」在美中台三方的多面向。

其實，秦剛的兩段說法，似乎正好包涵了「中國」在兩岸的兩個面向。一方面，各自實行實效的憲法，呈現了「兩憲各表」，這也就是胡錦濤時代所說的「各自相關規定符合一中原則」或「憲法說」，及馬英九主張的「九二共識／一中各表」。這可說是秦剛前段表達的面向，可稱「各自憲法論」。

另一個面向則是秦剛後段說的「都有一個家，名字叫中國」。這個「家」及「中國」，在憲法及事實上，都不可能指中華人民共和國或中華民國；而應當是指超越中華人民共和國及中華民國的「上位概念的中國」，或「第三概念的中國」。

在大陸，一九九七年汪道涵提出的「現在進行式的一個中國」及「共同締造論」，即是此義；在台灣，如連戰、呂秀蓮、余紀忠主張的邦聯，施明德、蘇起等倡議的大一中架構，張亞中的一中三憲，等等，相互之間皆有這類「上位概念說」的交集。

這兩個「中國」的面向，「各自憲法說」雖可作「兩憲各表一中／一中各表」的引申，但畢竟傾向單邊主義，在實際上可能形成另類「兩國論」。因此，「上位概念說」，「有一個家，名字叫中國」，即可能是一個比較開闊的架構，為便利討論，可將這類思考概括為「大屋頂中國」。

大屋頂中國：在大屋頂中國下，中華民國是民主中國，中華人民共和國是社會主義中國；二者皆是一部分的中國，同屬一個大屋頂中國，亦即兩岸主權相互含蘊並共同合成的一個中國。

這味道是不是：一個家，名字叫中國？

但是，「各自憲法論」與「上位概念說」，皆難立足。主要原因是中共與台獨都要消滅中華民國，也就是中共與台獨皆持「中華民國已經滅亡論」。《大屋頂下》對此討論已多，本文僅再提出一種思考：

中共說中華民國已經滅亡，究竟是中共不能接受中華民國？還是「中國」（那一個「家」）不能接受或不應接受中華民國？還是中華民族不能接受或不應接受中華民國？

是台獨要消滅中華民國？還是多數的「台灣人」要消滅中華民國？是台灣人從來不是中國人？還是台獨不讓台灣人做中國人？嗆聲「誰跟你是中國人？」的台獨政府還能披著中華民國的屍衣冒稱中華民國嗎？

這就是文首所說：要解析兩岸關係，首先要釐清什麼是「中國」？

有人認為，中華民國憲法將「大陸地區」視為領土，不可理解，但這只是現實上的困境。唯若中華民國不說「一國兩區」，即被視為台獨，這卻是法理上的危機。不主張一國兩區，就沒有憲法一中，陸委會就不存在。

除非要台獨，兩岸都要面對中華民國。「各自憲法論」可以在「兩憲各表／一中各表」下維持住兩岸分治的現狀；但若連「各自憲法論」亦不能維持，兩岸關係就不可能和平穩定。

「上位概念說」顯然是一個較具發展性的路徑。在一個叫做「中國」的「上位概念」下，有中華人民共和國，也有中華民國。你不吃掉我，我不吃掉你。中共不消滅中華民國，台灣不搞台獨。

本文認為，馬英九此行可說既是「各自憲法論」，也是「上位概念說」。

馬英九當然不是台獨，也當然是中華民國。他強調「中華民國／中華民國憲法」的實行與實效，也併陳中華人民共和國的憲法論述。這是「各自憲法論」，或一中各表。

同時，馬英九呈現的架構，也可包涵「上位概念說」。他說：「和平，奮鬥，振興中華。」又說：「兩岸青年共同以振興中華為己任，用青春譜寫民族復興的華美篇章。」

在此，馬英九不啻是以「振興中華」與習近平的「中華民族偉大復興」對應。只是，馬英九所說的「中華民族」，應當是包含了中華民國與中華人民共和國的「中華民族」，當然是「上位概念說」。

綜上所論，無論「各自憲法論」或「上位概念說」，都不能沒有中華民國。「各自憲法論」是「現在進行式的一個中國」，「上位概念說」則是「共同締造論」或「振興中華／中華民族的偉大復興」。

兩岸不必為了「一個中國」吵來吵去。大屋頂中國也是一個中國，大屋頂中國就是一個中國。

大屋頂中國可以涵容「各自憲法論」，也可以成就「上位概念說」。

二〇二三年四月十七日

白石鎮的紅地毯③

兩岸的兩塊天花板

麥卡錫撞上了裴洛西的天花板。

去年八月，美國眾院議長裴洛西訪台，情勢發展如螺旋上升，最後演至蔡英文在總統府頒授特種大綬卿雲勳章給裴洛西，中共則在台灣四周發動一場「煃窯式」的軍演。

此次同樣是眾院議長的麥卡錫放話要訪台，但情勢發展則如螺旋下降，最後轉為蔡麥在洛杉磯會面，原傳蔡英文發表演說也取消了，當然也就未發生原本想像的蔡英文在總統府授勳麥卡錫的場景。接下來的中共軍演在外行人看來也雷大雨小。

一個螺旋上升，一個螺旋下降，麥卡錫撞上了裴洛西的天花板。

麥卡錫未如裴洛西親身訪台，當然是受到美中雙方幕後火爆交涉的影響，裴洛西的「下不為例」，成了天花板。同時，據傳蔡英文政府也不主張麥卡錫訪台，怕這種挑釁影響了兩岸氛圍，會毀了民進黨二〇二四的大選，也是天花板。中共對裴洛西訪台發射了十一枚飛彈，此次的「環台戰備警巡」及「聯合利劍」就顯得只是行禮如儀，效果低於裴洛西天花板。

台美中三方都在切香腸，但任何一方都不可能想怎麼切就怎麼切，因為有天花板。

蔡英文赴美與馬英九訪陸，都是在切香腸，也是想推高擋在頭頂的天花板。只是，蔡想切的是美國的香腸，馬想切的是中共的香腸；蔡想頂穿美國設的天花板，馬想突破中共設的天花板。亦即，馬英九嘗試從中共方面找到台灣的解方，蔡英文則嘗試從美國方面找到解方。於是出現了一些對照的場面：

當馬英九在大陸說「追求和平，避免戰爭……是兩岸中國人不可迴避的責任」時，民進黨發言人說：「誰跟你是中國人？」當馬英九在大陸為中華民國發聲，並自稱「中華民國總統」時，蔡英文在美國沒有一句提到中華民國。蔡英文在美國強調的是「此時台美關係最好」，馬英九則憂慮「此時兩岸關係最壞」。

馬英九此行多少換來對岸「和平發展」的共識，蔡英文得到的則是麥卡錫主張

「加強對台軍售，確保武器送達台灣」。

當然，台灣的解方不僅在美國，也不僅在中共。馬英九在大陸仍倡「和陸／親美／友日」，是以美國的協助來支持和陸，想要同時頂高美中兩塊天花板。蔡英文的路線則顯然是以仇中來換取美國的青睞，但迄今似未將美國的天花板頂得夠高，卻使中共的天花板壓得更低。

前述「裴洛西天花板」，尚只是指此時此刻的小氣候。倘若從放高、放大、放遠的大氣候來看，「俄烏戰爭」才是台美中三方頭頂的天花板。

俄烏戰爭給台美中三方的啟示是：台灣不要做烏克蘭，中國不能做俄羅斯，美國不可把台灣看作烏克蘭、把中國看作俄羅斯。台美中關係走到目睹俄烏戰爭的今日，應當知道這一層「俄烏天花板」千萬不能頂穿。

因此，在去年緊接著俄烏戰爭爆發後的一段時間，台海緊張情勢似有螺旋上升的跡象。但經過這一年來各方的細思極恐，其實台海情勢卻有漸趨冷靜的趨勢。亦即，稍早想的是「兩岸打起來該怎麼辦」，現在卻漸漸有了「如果不能打該怎麼辦」的想法。

中共二十大後的新局，宋濤出任國台辦主任，宣示「要和平／要發展／要交流／

要合作」。此後，和平發展漸成中共對台的論述主題。至此次馬英九訪陸，大陸政要當面講話，皆以和平發展為主軸。

在宋濤與各省一把手的口中，聽不到「一國兩制」或「統一」，說到極致只聞「共創中華民族偉大復興」。這固然是中共方面顧慮來客馬英九的處境，但更在照應所有台灣人的視聽，也某種程度地顯示了對台論述架構的移轉。也就是從過去強調「統一」的「目的論」，轉移到了「和平／發展／交流／合作」的「過程論」。

這個轉彎，應當是受到「俄烏天花板」的影響。也就是前文所說，必須想一想「如果兩岸不能打該怎麼辦」？兩岸應當思考要如何撐過這一段可能漫長的「不能打／又不能統一」的歲月？這就必然要從目的論移向過程論。

相對而言，在俄烏天花板下，賴清德面對「票投民進黨／青年上戰場」的壓力，從「抗中保台」轉向了「和平保台」，也可說是從「抗中目的論」轉向了「和平過程論」。但他將以「務實的台獨工作者／誰跟你是中國人」為過程？或以「回到中華民國」為過程？恐怕尚待推移與發展。中共說「台獨與和平是水火不容」，賴清德有無可能同時擁抱台獨與和平？

馬英九此行展現的架構是「反對台獨／維護中華民國」。他的潛台詞應是，反對台獨消滅中華民國，也反對中共消滅中華民國。

民進黨批評馬英九附和中共對「中國」及「九二共識」的定義，其實馬英九對「中國」及「九二共識」的定義，一向不同於中共，反而是民進黨一路堅持附和中共對「中國」及「九二共識」的定義。在此，民進黨是中共同路人。

馬英九提出「和平／奮鬥／振興中華」。「和平奮鬥」應是建立在中華民國與中華人民共和國和平共好的「過程論」；「振興中華」應是主張中華民國與中華人民共和國雙贏共好的「目的論」。而且，「振興中華」可說是一個高於並大於「統一」的「目的論」，與習近平的「中華民族偉大復興」直接對應；可以減輕「統一」對兩岸關係造成的摩擦與扭曲，雙方在「振興兩岸大屋頂中華」的共同認知下，就可能有更好的「和平／發展／交流／合作」。

《大屋頂下》始終嘗試以「兩岸大屋頂中華」及「兩岸大屋頂中國」來營造兩岸架構，並主張「定錨中華民國／共構和平競合」。民進黨主張「誰跟你是中國人？」不能立足「兩岸大屋頂中華」，更遑論進入「兩岸大屋頂中國」；而本文猜想，馬英九此行呈現的架構，與「兩岸大屋頂中華」及「兩岸大屋頂中國」皆可能存有顯著的交集。

其實，呂秀蓮與謝長廷皆曾登陸「祭祖」，祭的也是「中國人」，也說過「飲水思源」之類的話，這也是「兩岸大屋頂中華」。但如今民進黨卻說：「誰跟你是中國人？」唉！這教人從何說起。

在「俄烏天花板」及「裴洛西天花板」下，兩岸不能打，又不能統一，藍綠紅三方皆應從「目的論」轉向「過程論」。

何謂「由目的論轉向過程論」？就是十二個字「定錨中華民國，共構和平競合」；或濃縮成四個字，就是「和平發展」。

二〇二三年四月二十三日

白石鎮的紅地毯④

中華民國不是台獨

本文是此一系列文字的第四篇。讀者皆應看出筆者對馬英九此行呈現的兩岸架構持相當正面的看法。然而，實則我對此一架構能否在兩岸實行卻未必看好。

因為，馬英九的架構是以中華民國為兩岸問題的樞軸（pivot），主張兩岸共同將中華民國的位置擺正，其他圍繞的元素就能發生系統性的對應變化。但是，中共與台獨卻均持「中華民國滅亡論」，在現實上作踐中華民國，在目標上要消滅中華民國，這是馬英九架構的完全對立面。

此一局面，可稱是「中華民國樞軸論vs.中華民國滅亡論」。在兩岸之間，中共實力較強；在台灣內部，台獨勢力上升。中共與台獨都持「中華民國滅亡論」，「中華民國樞軸論」受到內外夾擊，當然不易撐持。

其實，中共與台獨都尚未能消滅中華民國。台獨只是想把中華民國玩成台獨，而中共則是為了打壓台獨卻步步把中華民國逼成了台獨。

但是，台獨想把中華民國玩成台獨必是自尋死路，中共想把中華民國逼成台獨也是搬磚砸腳。因此，中華民國在台獨與中共的夾擊下應當仍有空間。

這個空間，就是要讓台獨與中共正確認識：中華民國不是台獨。

先說台獨。台獨是中共「中華民國滅亡論」的ＯＥＭ代工者，台獨是中共的同路人。馬英九在大陸，力爭「中國」與「九二共識」的中華民國定義權。但蔡英文與賴清德，卻拚死附和中共及中華人民共和國對「中國」與「九二共識」的定義權。這不是中共的同路人，是什麼？

蔡英文說馬英九有關一個中國的定義是一九七〇年代的論述，現在已經是二〇二三年。這是信口開河。

現行《中華民國憲法》正是七〇年代以後經歷修憲所定本。馬英九在湖南大學所說的「憲法一中／一國兩區」，也正是蔡英文自己兩次就任總統所說的「依據《中華民國憲法》與《兩岸關係條例》處理兩岸事務」。說這些話時的馬英九與蔡英文都不是在七〇年代，就在今天。

眾人皆知，這一套《中華民國憲法》架構的論述及實行，在現實上皆有相當的困難，但一則它是憲法，二則它仍是國家在現實上的寄命依托，蔡英文不能一方面說依據憲法，另一方面又否定憲法，自打嘴巴。

蔡英文說「中華民國與中華人民共和國互不隸屬」，我對此有與一般不太一樣的看法。我認為，若從台獨的立場看，這是「兩國論」；但若從中華民國的立場看，這仍可能是「一中各表」。憲法不是戲法，蔡英文只要真正「依據《中華民國憲法》及《兩岸關係條例》處理兩岸事務」，她的「中華民國與中華人民共和國互不隸屬」，就仍有可能回到「憲法一中／一國兩區」。

然而，賴清德已重傷了這個可能性。他迄未接續蔡英文「依據《中華民國憲法》處理兩岸事務」的說法，並將「中華民國與中華人民共和國互不隸屬」推升到「台灣與中國互不隸屬」。試問，這樣的中華民國還是中華民國嗎？難道這是「務實台獨」？難道這能「和平保台」？

所謂務實台獨，就是要把中華民國玩成台獨。但中華民國不是台獨。台獨弄死了中華民國，收屍的不會是台獨，而一定是中共。

賴清德的「務實的台獨工作者」，必須面對中共的「台獨與和平水火不容」。

再說中共。馬英九行前應當與中共做過行程交涉。馬英九當然是有備而去，中共方面則當然也有「收／放」的斟酌。但此行實際的發展卻顯示，馬英九愈來愈主動，中共則愈來愈被動，情勢被馬英九牽著跑。

馬英九此行始終沒有說出「一中各表」四個字，這可能是受限於雙方的交涉，但他此行自始至終皆在露骨表達「一中各表」，並在四月二日湖南大學的「憲法一中／一國兩區」攀上顛峰。當晚，接待方並未取消長沙夜市萬人空巷「馬英九大進場」式的掃街活動，應可視為輕舟已過萬重山。中共沒有抽刀斷水，而像是順水推舟。

再如，馬英九找盡空間說出「中華民國／中華民國總統」等頂層符號，在中山陵，他開頭說「各位同仁，各位同學」，好像只是對大九學堂說中華民國。在白石鎮，他開頭說「親愛的立安公公」，好像只是對立安公公說「兩次當選中華民國總統」。這也可能出於兩方事前交涉的限制。

但是，馬英九的這些「中華民國」，當然不只是說給大九學堂與立安公公聽，尤其是說給中共當局及所有台灣人聽。

中共當然知道馬英九來要說中華民國，若不容他說，他也不會去，但起始可能也未預料到態勢會被馬英九搞到欲罷不能的地步。中共此次決定讓馬英九在大陸有限度地說中華民國，當然不是說給大陸人民聽的，因此在官媒刪盡中華民國，卻是要讓「馬英九在大陸說中華民國」的影音傳達給台灣人民，並認為這樣的場景應當有益於台灣人民轉化敵視中國的看法。

也就是說，中共可能在思考，提升中華民國在兩岸的定位，應是鬆緩兩岸僵局的解方。此即中華民國樞軸論。

中共向來將對台政策建立在「中華民國已經滅亡論」上，是一根本性的錯誤。中共用「一國兩制」這類以消滅中華民國為目標的政策為對台方案，如何與台灣人「心靈契合」？更如何可能被台灣人接受？數十年來的演化可見，中共要消滅中華民國，只能助長台灣內部「懼統容獨」的氛圍。

因此，中共今後的政策重點，已不在對付台獨，而在維持中華民國。台獨說「九二共識沒有一中各表，沒有中華民國的空間」，但馬英九主張「九二共識有一中各表，有中華民國的空間」。國台辦在四月十二日的談話不啻已完全背書馬英九「原汁原味的九二共識」，朱鳳蓮且轉個彎稱馬英九此行「證明了九二共識的有效性」，兩岸據此可以「和平發展」，吾人拭目且看「九二共識」能否就此「活過來了」？

中共必須維持中華民國，因為中華民國不是台獨。中華民國是杯，台灣是水；杯在水在，杯破水覆。

中華民國不是台獨。兩岸關係應當從「中共與台獨皆要消滅中華民國的兩岸關係」，轉向「中共與台獨共同維持中華民國的兩岸關係」。這可稱「新型兩岸關係」。

「中華民國樞軸論」在中共與台獨「中華民國滅亡論」的夾殺之中。本文雖對「中華民國樞軸論」不敢太過寄望，但也確認「中華民國滅亡論」在現實及發展上都是無以復加的悲劇。

定錨中華民國，共構和平競合。

二〇二三年四月二十四日

白石鎮的紅地毯⑤

究竟誰要消滅中華民國

將兩岸問題濃縮到底，就是「要不要消滅中華民國」的問題。

要不要消滅中華民國，至少涉及兩大思考：

一、世界格局：篇幅不容贅言其他一般論述，本文只能略談兩岸問題如今已經深刻鑲嵌在美中鬥爭之中。因為美國不容中國超越美國，所以要用台灣節制中國，台獨也有了「倚美謀獨」的念頭。

任何國家皆可有超越任何國家的自我期許，憑什麼美國不容中國超越美國？美國不容中國超越美國，又憑什麼要以挾持台灣甚至可能毀滅台灣為手段？再者，台獨究竟是真正能夠台獨，或只是要做一隻「阻止中國超越」的美國刺蝟而已？

二、中國內涵：中共要消滅中華民國，是要充實「中華民族偉大復興」？還是要塗抹掉中華民族五千年來唯一實行實效的民主政體？中華民族若失去中華民國，是復興或是輓殤？

台獨要消滅中華民國，中共要消滅中華民國。

先談中共。誰要消滅中華民國？是中共要消滅中華民國？還是中國人要消滅中華民國？還是中華民族要消滅中華民國？

中共將中華民國視為內戰的遺留。但今日的中華民國已非當年內外失治失能的中華民國，而是人類文明一個典範級的世界角色，且有若干面向較中共的治理更能幾及普世價值與中國文明的憧憬。中共要消滅這樣的中華民國，除了就是想要將中華民族唯一的民主政體絕種刨根以外，對中華民族有什麼正當性？

如果中華民國不鬧台獨，為中華民族留一個民主的實驗與示範，難道中華民族不能容、不應容？難道中共不能容、不應容？

中共的一黨專政及馬克思主義基本原理，涉及人類文明及中國方向的頂層問題，此點《大屋頂下》論述已多。中華民國不能退讓，是為了人類文明及中國方向，是為了中華民族。中共為了自我救贖，為了中華民族偉大復興，不能消滅中華民國。

這樣的論調可能被視為迂闊。但若能超越中共的立場，站在普世價值及中國文明的高度來看，中華民族應當維持中華民國。

中共常說，武力是針對台獨，不是針對台灣人民。但所謂台灣人民，在實體上就是中華民國。台灣本為中華民國所光復，中華民國不是台獨。

再談台獨。蔡英文說，馬英九有關一個中國的定義，是一九七〇年代的論述。但民進黨今日的台獨論述，更已與七〇年代大相逕庭。

七〇年代戒嚴，台獨隱而未發。至一九九一年，台獨始入民進黨黨綱。解嚴使台獨受到台灣民意的節制，中共改革開放與全球化又使台獨受到世界的節制。因而台獨也從《台灣前途決議文》到「凍結台獨黨綱倡議」，歷經了曲折變化，此皆「務實台獨」的原型。至中美貿易戰、俄烏戰爭至今，台獨又從「地緣政治」淪落至成為只是美國兩黨鬥爭的籌碼。美國兩黨比賽反中，美國兩黨比賽操弄台灣。台獨視此為成就，但實則這卻是台獨的日趨下流。

台獨捲入美國黨爭。試想，另日若川普風潮再起，主張「廿四小時內結束俄烏戰爭」，則台獨恐怕連烏克蘭都沒得做了。

台獨根本是自欺欺人。台獨不是在情理上不能同情，而是在現實上絕無可能。台獨當然要「抗中」，但當賴清德由「抗中保台」突然變臉成「和平保台」，就知道台獨根本無路可走。

台獨發展至今，說到底也只敢說「台灣是一個主權獨立的國家，名字叫中華民國」；甚至說到了「中華民國與中華人民共和國互不隸屬」，也不敢說「台灣是主權獨立的國家，與中華人民共和國互不隸屬」。正名沒有了，制憲沒有了，台獨公投也沒有了。如此這般，還要說「台灣是一個主權獨立的國家」，豈不是自欺欺人？

台獨為何要自欺欺人？一、操弄「內殺型台獨」，撕裂台灣，操作選舉。二、美國不敢放掉「一中政策／不支持台獨」的「護欄」，但台獨則以表現不放棄台獨來換取美國的寵信，要五毛給一塊。三、有些政治人物八〇年代公開主張台獨，現在因必須護衛自己的人設，所以仍然主張台獨。

前述第三點最是自欺欺人。例如賴清德，想擁有主張台獨之利又思避免主張台獨之禍。於是自封「務實的台獨工作者」。但這對他想要進取中華民國總統將發生困難。因為，蔡英文可以操作台獨但不明說是台獨，但賴清德不論怎麼做，他自己就是台獨。

兩岸戰雲密布，民進黨主倡為自由民主而戰，而很少標榜為中華民國而戰，更從來不敢公然主張「為台獨而戰」。但局面發展至今，賴清德若當了總統，情勢恐將演變成全民要「為捍衛務實台獨工作者賴清德而戰」，「抗中保賴」，這是多麼令人啼笑皆非的場面？

台獨明知台灣是寄命於中華民國，卻又千方百計作踐中華民國。其實，台獨做得到的，中華民國沒有做不到的。台獨想「倚美謀獨」，中華民國也可以「倚美謀維護中華民國」，這是數十年來的史實。但中華民國做得到的，台獨做不到。如中華民國可以「和陸／親美」，但台獨只能「仇中／舔美」。中華民國在兩岸可做「民主燈塔」，台獨只能做「美國刺蝟」。中共非中國，中華民國是以抵抗中共併吞台灣為目標，台獨則是與十四億中國人為敵，與整個中華民族為敵，使十四億人成了中共的後盾。

究竟誰要消滅中華民國？是台獨要「借殼」中華民國？還是多數台灣人要背棄中華民國？是「台灣人」不願與「中國人」和平共好？還是台獨挾持了台灣，幾乎封死了所有兩岸和平共好之路？迄今「維持現狀」始終是台灣主流民意，這究竟是台獨還是中華民國？台灣有必要因捍衛賴清德「務實台獨工作者」的荒唐人設，而將中華民國搞得這麼不清不楚嗎？賴清德為什麼不能給大家一個乾乾淨淨的中華民國？

總之，是誰要消滅中華民國？是中共要消滅中華民國，而不是中華民族應該消滅中華民國。是台獨要玩弄中華民國，而不是多數台灣人要顛覆中華民國。

準此，盱衡世界情勢，兩岸究竟應當再出現一位「務實的台獨工作者」，如賴清德？或應當再出現一位「務實的中華民國工作者」，如馬英九？

中華民國不是台獨。中共不能以一黨宿仇而消滅中華民國，賴清德也不能因一己人設而操弄務實台獨。兩岸應「定錨中華民國，共構和平競合」。

中華民國是杯，台灣是水；杯在水在，杯破水覆。

二〇二三年四月三十日

白石鎮的紅地毯⑥

務實台獨是中共同路人

賴清德四月十二日的參選談話，將明年總統大選說成是蔡英文飛美及馬英九訪陸的兩條路線的鬥爭。

他說，馬英九是走回過去一中原則框架，蔡英文則是在民主的道路上走向國際走向未來。並稱，這正是二〇二四年之後的國家未來兩個截然不同的選項。

賴清德的談話閃爍其詞，他說馬英九走回「一中原則」，其實就是要把蔡英文對比成反對「一中原則」，但又掩掩藏藏，說成了什麼「民主道路走向未來」。

若說台灣的戰略選擇是「一中原則」與「反一中原則」的鬥爭。一、究竟「一中原則」是什麼？二、如果台灣的主要鬥爭是有無「一中原則」，賴清德居然說「台灣並沒有統獨問題」，這是不是練肖話？

「一中原則」是什麼？馬英九主張的是「一中各表／求同存異」，亦即「海峽兩岸均堅持一個中國之原則，但雙方所賦予之涵義有所不同」。這兩句話已指出，中共對「一中原則」自有其認知，但中華民國亦另有堅持。馬英九此行即在表達不同意中共鷹派對「一中原則」的定義權，而力爭依據「憲法一中／一中各表／求同存異」的中華民國定義權。

但是，相對於馬英九，賴清德顯是附和中共鷹派對「一中原則／九二共識」的定義權。他的「一個中國」就是「中華人民共和國」，完全自我否定了中華民國；他的「九二共識」，就是「沒有一中各表／沒有中華民國生存空間」的九二共識，也完全自我否定了中華民國。秉持這種「中華民國自殺論」的賴清德，他究竟將是中華民國總統？或根本是中共同路人？

在馬英九此趟「一中各表之旅」後，九二共識出現了新的激盪。四月十二日，國台辦記者會借台灣輿論稱，馬英九此行「證實了九二共識的有效性」，更稱「再次證明九二共識就是兩岸和平發展的定海神針」。準此足證九二共識不無「活過來」的可能。馬英九想用「一中各表」帶中共走出來，但賴清德卻偏偏咬死「九二共識沒有一中各表」，硬要把中共逼回去。天下之大謬不然，莫甚於此。

賴清德的「務實台獨」，就是「此地無銀三百兩」。所謂「務實台獨」，說穿了，就是要從「法理台獨」（正名／制憲／建國），走向「借殼台獨」（中華民國新生論／台灣與中國互不相屬／誰跟你是中國人）。再者，迄至目前，賴清德並未接續蔡英文所說「依據《中華民國憲法》及《兩岸人民關係條例》處理兩岸事務」。他掏空了中華民國，只剩下一個殼。

賴清德可能「依據《中華民國憲法》」出任中華民國總統，但他可以「不依據《中華民國憲法》處理兩岸事務」嗎？「務實的台獨工作者」，難道就是要竊用中華民國總統的地位，將中華民國玩成台獨？狸貓換太子。

中華民國不是台獨。若要台獨，就要正名、要制憲，或要台獨公投。如今，不正名、不制憲、不台獨公投，卻要把中華民國搞成台獨，這又該如何解釋賴清德所稱「二〇二四是在民主的道路上走向未來」？

台灣的主流民意是維持現狀，就是維持中華民國。民進黨在借殼台獨上的操作，在法制上跳脫了憲法，在政治上全力封阻了主張和平交流的主流民意，這是要把台灣放在台獨的鍋子裡溫水煮青蛙。這絕非走在「民主的道路上」，而根本是瞞天過海，橫柴入灶。

試問：民進黨的借殼台獨，有無經過台灣民主程序的同意？

最令人細思極恐的是，賴清德此次不啻正式宣示了他「務實台獨／借殼上市」的大戰略後，又力倡「和平保台」（參選談話稱「和平保護台灣」），並稱將「進行兩岸對話和交流，求增進彼此的了解、理解、諒解、和解，共同為兩岸人民的福祉而努力」。

賴的這一串四個解，令人不解。中共說，「台獨與和平水火不容」，並指是「任何形式的台獨」。賴清德難道會認為，「務實台獨」就不是「台獨」？「借殼台獨」就不是台獨？甚至認為他的「務實台獨／借殼台獨」可以和中國成為「兄弟之邦」。

賴清德說，希望中國「善待台灣」。難道是巴望中共「善待」他的「務實台獨／借殼上市」？賴清德若作此想，能不令人細思極恐？

二〇一七年，賴清德出任行政院長前後，他宣示「我是務實台獨工作者，在任何職務上都一樣」。以賴清德當時已有的政治閱歷，位高已至行政院長，他竟然會說出這句今天成了作繭自縛的渾話，無大局觀，無遠見，簡直匪夷所思。這是率直？或淺薄？如今他想鋪陳「務實台獨」，竟又跳入「台灣與中國互不相屬／誰跟你是中國人」的流沙之中，更是不可思議。

相對於李登輝、陳水扁、蔡英文這些「未自我標榜務實台獨的務實台獨工作者們」來說，賴清德顯得是最粗糙的一個。

本系列第③篇指出，馬英九此行展現的架構是「反對台獨／維護中華民國」。他的潛台詞應是，反對台獨消滅中華民國，也反對中共消滅中華民國。相對而言，賴清德也反對中共消滅中華民國，但他要用「務實台獨」來掏空消滅中華民國。

這是馬賴路線的根本差異。賴的終極目標與中共並無區別，只是他不想讓中華民國亡於中共，卻要中華民國「務實地被掏空消滅於台獨」。準此以論，務實台獨不啻是中共的同路人。

其實，事態發展至今，馬英九及蔡英文出訪的兩條路線，未必是賴清德所說「二〇二四年之後的國家未來兩個截然不同的選項」。

馬英九面對中共而力護中華民國，但並不影響其「和陸／親美」的立場。在馬任內，美國與中共均稱是與台灣關係最佳時段。蔡英文雖幾已將「親美」操作成「舔美」的程度，但她仍未否定「依據《中華民國憲法》處理兩岸關係」的前提，也未將局面惡化至「台灣與中國互不相屬」與「誰跟你是中國人」的地步。因此，這未必是「兩個截然不同的選項」。

如果中華民國路線的「和陸／親美」可以兩全其美，何必走務實台獨「舔美／仇中」的死路。

馬英九此行，可說是用中華民國與中共攤牌。賴清德的參選談話，則是用「務實台獨／借殼上市」與中共攤牌。這才是「台灣未來截然不同的兩個選項」，應當何去何從，不卜可知。

做為台灣生存發展的戰略，務實的中華民國路線，勝過強過務實台獨的路線。因為，在兩岸抗衡中，中華民國，愈「中華」，「民國」愈有力量。

二〇二三年五月一日

封底不封頂

大地板中國　大屋頂中國

我談論「大屋頂中國」逾三十年，近日聞前行政院長毛治國先生提出「大地板中國」的說法，驚喜莫名。

驚在毛院長此說的別具洞見，喜在此說補充了我的拙見。

毛說的主旨，在主張當前兩岸關係應當「封底不封頂」。這是毛院長最近在成都參加五個交通大學（陽明／上海／北京／西安／成都）總校友會時，與主方談及「一國兩制／九二共識」時提出。以下簡述其概略，必有未盡完整準確之處：

院長說，用「一國兩制」的說法來處理兩岸關係，是一種「封頂」的概念，在台灣民意市場恐無賣點。相對地，用「一中各表」的說法來處理當前兩岸關係，則是「封底」的概念。一邊不獨，一邊不武，建立了「異中有大同」的「封底」基礎，兩岸各種問題就好說；將來要如何「封頂」，也可從長計議。這就是「封底不封頂」。

我知此說後，心有戚戚焉，自是驚喜莫名。接著，某日友人告訴我，他旁聽了毛院長一場演講會，在QA時，有人問及黃年的「大屋頂中國」。院長說，「大屋頂中國」可能被「一國兩制」惡意嫁接，不如用「大地板中國」，以「反台獨／台灣人是中國人／中華民國」三者為兩岸共同的樓地板。這就是「大地板中國」，因我未在現場，轉述未必完整準確。

我的驚喜是，「大地板中國」與「大屋頂中國」，二者的核心概念其實可說完全一致，根本是絕配。

「大地板中國」的核心在「一中各表」，亦即包容了中華民國與中華人民共和國的「求同存異」，構築了一個「底」；「大屋頂中國」的核心概念，則在認為有一個高於中華民國與中華人民共和國的「上位概念／第三概念」的「中國」在二者之上，也就是在二者之上「不封頂」。

乍看，大地板中國也許強調「封底」，大屋頂中國也許強調「不封頂」。但其實，大地板中國與大屋頂中國都是主張「封底不封頂」。

毛論與我說，差異點可能只在強調之處不同。毛論說，只要封底，不封頂，將來如何封頂可從長計議；而愚見「大屋頂中國」雖曾提出「不消滅中華民國的統一／大屋頂中國統一」或「互統一」等概念，意謂不是「被統一」，但這些仍可視為對現狀「不封頂」。不過，兩相對照，毛論比我說當然是更開放，更「不封頂」。

院長說的「封底」就是「一中各表」。若用我的話說，就是「定錨中華民國／共構和平競合」；前句是「封底」，後句是「不封頂」。

院長指出，北京須理解台灣各陣營總統候選人此際都喊「反對一國兩制」，就是不贊成「封頂」。因此，兩岸應重新務實理解當前兩岸關係的重點，是在「封底」（一中各表），而非「封頂」（一國兩制）。

院長認為，「九二共識」的核心在「一中各表」。他稱，只說「九二共識」，卻壓抑「一中各表」，是抱櫝還珠。

這個看法與我完全相同。我認為，「九二共識」只是一只澡盆，「一中各表」則是澡盆裡的嬰兒，所以不可「砸盆殺嬰」，意思也類「抱櫝還珠」，且過去我也多次用過抱櫝還珠。

我在三十多年前提出「大屋頂中國」。完整論述如下：

在大屋頂中國下，中華民國是民主中國，中華人民共和國是社會主義中國，二者皆是一部分的中國，同屬一個（大屋頂）中國，亦即兩岸主權相互含蘊並共同合成的一個中國。

注意：此處用「二者皆是一部分的中國」，而未用一般所說「二者皆是中國的一部分」，是在強調中華民國與中華人民共和國各自的「主體性」，而以「大屋頂中國」為二者的「連結點」。

此一架構顯示，其實「大屋頂中國」也是「大地板中國」，因為在大屋頂中國下，現狀即是中華民國與中華人民共和國的並存分治（此即汪道涵所說的「現在進行式的一個中國」）；而且將來也可以成為「兩岸主權相互含蘊並共同合成的大屋頂中國」（即是汪道涵所說「共同締造論」）。可說是從「現在的大地板中國」走向「未來的大屋頂中國」。

院長的「大地板中國」，較諸愚見「大屋頂中國」，尤其勝在更合時宜，更具迫切性。此際，國際覬覦日甚，台灣撕裂愈烈；兩岸可謂根本談不上「封頂」的問題，重中之重應是如何穩住「一中各表」，使現狀不再螺旋式惡化下去，也就是必須盡力盡速「封底」。

亦即，兩岸必須從過去強調「封頂」（一國兩制／台獨）的「目的論」，移向強調「一中各表／心靈契合／和平發展」的「過程論」。亦即，地板論比屋頂論，更為務實，更為迫切。

眼下所見，「封底不封頂」的概念，至少在藍紅兩方面已經漸漸呈現。馬英九的大陸之行，完全是一趟旗幟鮮明的「一中各表之旅」，也可稱「封底之旅」；且他在中山陵前稱「和平／奮鬥／振興中華」，亦是提出一個開放的空間，不封頂。一路上，陸方接待者對「一中各表」的馬英九未見阻擋，聽其自由揮灑，似也知道兩岸斷崖似的惡化情勢必須封底，止跌停損。

事後，國台辦對馬英九此行的評語居然是：「馬先生此訪，更再次證明九二共識是兩岸關係和平發展的定海神針。」

「馬先生此訪」顯示，馬強調「一中各表」，北京則稱這樣（有「一中各表」）的「九二共識」是「和平發展」的定海神針。或許可說，雙方皆已有「封底」的思考，若沒有一中各表，毀了中華民國，「大地板中國」也就破了底，將不知伊于胡底。

面對二〇二四總統大選，其實就是一場「大地板中國」究竟要不要封底的選擇。藍營的中心主張可能仍是「九二共識／一中各表／求同存異」，封底。民進黨的中心主張則是「砸爛九二共識／否定一中各表」，不封底。也就是說，這次大選，藍營將「以一中各表用中華民國來封底」，對北京攤牌；賴清德則決定「以務實台獨鑿穿中華民國的底」，與北京攤牌。

在北京，此時必須警覺：一中各表的封底論，應當高於一國兩制的封頂論。

因此，此處可再提出《大屋頂下》倡議的「新型兩岸關係」。舊的兩岸關係是「中共與台獨都要消滅中華民國的兩岸關係」，新型兩岸關係則是「中共與台灣都應維持中華民國的兩岸關係」。必須封底，不可封頂。

兩岸應當思考：從封底的大地板中國，走向不封頂的大屋頂中國。

定錨中華民國，共構和平競合。封底不封頂，止跌停損。

二〇二三年六月十八日

第四部

還好有鄧小平

中共的自我救贖，必須先於中華民族的偉大復興。

自由是人性的本質，民主是文明的方向。

四十多年的改革開放有極為亮麗的成果，使中國瀕近世界顛峰。為山九仞，應當添加自由民主的一簣；百尺竿頭，應當再上自由民主的層樓。

習近平楬櫫《全球文明倡議》，謂「一花獨放不是春，百花齊放滿園春」。但在今日的中國花園中，只見中共一花獨放，其他人只能拿著一張一張Ａ４白紙。

這不是偉大的中國，也不是中華民族偉大復興。

中共的譜系困境

習近平的不能與不甘

「今日普亭，明日習近平；今日俄羅斯，明日中國」，有無可能？習近平為自己建構的政治人設是：廿一世紀的馬克思主義者。此一架構顯然與當下時空充滿了矛盾，且不具未來性及發展性。但為何做此選擇？

照理說，習近平承先啟後的政治譜系，應當建立在「毛澤東→鄧小平→習近平」的中國本位三段論上。但是，習近平「不能裸接」毛澤東，又「不甘裸接」鄧小平，所以他接上了馬克思。

第三次歷史決議在二次決議之上，再次凌厲批判了毛澤東，可見在中國的政治氛圍中，攀附上比較凌空的馬克思，還比擁抱「血染朱紱」的毛澤東來得爭議較小，因此習近平「不能裸接」毛澤東。

另者，習近平為了他的「新時代」，又「不甘」成為只是鄧小平的接棒人（那是江澤民、胡錦濤的角色），所以，第三次決議雖仍高舉鄧的「中國特色社會主義」，卻畫蛇添足為「習近平／新時代」，且在「十個堅持」中不見「堅持改革開放」。就是要超越鄧。

因為「不能裸接毛澤東／不甘裸接鄧小平」，遂不能不將中共的政治譜系（政治繼承）編排為「馬克思、列寧↓毛澤東↓鄧小平↓習近平」的四段論，把習塑造為居高臨下的「廿一世紀的馬克思主義者」，藉此凌駕毛鄧。

問題在於：習近平一方面主張「中國特色社會主義」，另一方面又主張「馬克思列寧主義」，卻根本是矛盾的。因為，「中國特色社會主義」就是「不論黑貓白貓／不論姓資姓社」，要把馬克思（與毛澤東）關進籠子裡。

習近平「不能裸接」毛澤東，正因毛被視為馬列（甚至斯大林）原教旨的嫡傳，曾反對任何修正主義。所以，迴避毛，卻攀附馬克思，這根本是矛盾的。而習又「不甘裸接」鄧小平，他想另立「習近平新時代」的旗幟，卻又難以超越「改革開放」這個鄧記烙印，這顯然也是與當下時空的矛盾。

只要中共仍抱著「馬克思列寧主義基本原理」，就永遠不可能建立真正的「中國特色社會主義」。何況，從世界文明來說，國際主流會接受一個以「馬克思列寧主義基本原理」為國家精神的強大中國嗎？這更是發展性及未來性的問題。

從長遠看，中共想要建立可大可久的正當性，問題核心仍在如何解釋「民主」及操作「民主」。因為，自由是人性的本質，民主是文明的方向。這就是發展性及未來性。

中共在內戰期間，主張實行「三民主義的民主」及「像美國一樣的民主」。後來，陸續提出新民主主義革命、工農民主、人民民主、人民民主專政、社會主義民主、民主兩步走、民主集中、黨內民主等等，並將「民主／自由／法治／平等」列為社會主義核心價值觀。

這一切的名目與作為都在顯示，中共一直甩不掉「民主」這兩個字，因此只能致力於變造「民主」的內涵與釋義。

最新說法是「在中國共產黨領導下的全過程人民民主」，謂「民主有多種方式，不可能千篇一律」，而「全過程民主」才是「全鏈條／全方位／全覆蓋的民主」。但這說法，只會使人想到「黨政軍民學，東西南北中，黨是領導一切的」。

民主當然不是千篇一律。例如，民主有總統制也有內閣制，有聯邦制也有單一制，即是顯例。但就在「全過程人民民主」鑼鼓喧天之際，中共又宣示堅決反對並抵制「西方憲政、多黨競選、三權鼎立、兩院制、司法獨立的侵蝕影響」。這樣的民主，已是指鹿為馬。

中共百歲，也把「民主」這兩個字翻攪了一百年，「全過程人民民主」可證中共被「民主」二字噎在喉中，仍是吞不下也吐不掉。吞吐之間，遂成為中共永遠的考驗，尤其是所有中共領導人的始終課題。

年前讀《梅克爾傳》（遠見天下文化），幾乎在每一個節點上都使我聯想到習近平。尤其可見，國家領導人的思想與氣質，深刻影響了整個國家與民族的思想與氣質，更將影響國際對其國家的風評。

習近平成長於文革，梅克爾出生東德。習家受中共傷，遠逾於梅家受共黨之苦。這對照，十分神奇。

梅習二人在思想與氣質上的主要差異，是梅反對民粹操作，且對往昔納粹、希特勒及德共維持反省與批判，她出身東德卻為整個民主德國創造了「新時代」；習則似將本已逐漸脫離馬克思與毛澤東的中國又折回了老路，在「新時代」的口號中，回到了「舊時代」。

梅是在聯合政府與聯邦制中，以民主方法一路披荊斬棘走過來，而習則以「兩個維護／四個意識／兩個確立／不得妄議中央／取消國家主席任期限制」維繫地位。這或許是不同路徑，卻也是不同境界。

德國對內是民主福利國家，對外則由納粹之國蛻變為人道友善之邦。中國的治理雖亦有成績，但整個社會卻有如「甕嬰」（將嬰兒塞進甕中餵養），對國際則有「不可信／不可愛／不可敬」的自知之明。

每個國家與民族都期望「富／強／復興／偉大」。中國如此，德國亦如此。但是，實現這個目標路徑，卻有「方法」與「方向」差異。

德國的偉大是遠離了納粹主義及希特勒，反觀中國的偉大難道是回到馬克思及毛澤東？

這個差異，影響了整個國家的思想與氣質，而政治領袖尤其大比例地決定了這個差異。領袖之德風，國民之德草。看梅與習的對比，特別清楚。

其實，中國當下究竟是睥睨世界或深陷危機，出現兩極看法。

例如，中共特別強調軍事崛起，但到今日陷於四面圍堵的境地，真相已是必須靠不斷升高軍備競賽否則不能阻止國際覬覦的地步，幾將自己變成世界公敵、眾矢之的；至於對內治理，倘非超越軍費的維穩預算，將如何維持這個低民主、低自由、低人權的「甕嬰社會」？

若從這分歧視角看，如何預期中國吉凶禍福的未來性與發展？再以近年台港兩地情勢的丕變言，香港一國兩制的失敗，與台灣「九二共識」的解構，恐怕皆是出自方法與方向的偏差。

普亭在對烏戰爭中勢成騎虎，不知習近平未來會不會騎上武統台灣的虎背。二者皆出現手段與能力是否匹配的問題。

「今日普亭，明日習近平」，有無可能？站在不能與不甘之間的習近平，能否使中國可信可愛可敬？能否使中國偉大？自由是人性本質，民主是文明的方向。這是批評，更是期望。

二〇二二年三月二十日

中國方案（上）

文明的方向與中國的角色

中共二十大即將登場。建立自我，面對世界，中共必須拿出一套「中國方案」。普亭是習近平的鏡子，俄羅斯是中國的鏡子。這場俄烏戰爭，使中國從平視世界不得不轉身面對自己。這是省思「中國方案」的嚴肅時刻。

一九八九年，法蘭西斯・福山發表「歷史終結論」稱，西方的自由民主是人類社會演化的終點，是人類政府的最終形式。

如果福山當年有更佳的文采，他或許會說：「這是道路自信、理論自信、制度自信、文化自信，也是歷史自信。」

福山的終結論發表後，發生了柏林圍牆倒塌及「蘇東波」，立竿見影取得了歷史的驗證。這彷彿是「歷史達爾文主義」。

但是，二〇〇一年的九一一事件重擊了終結論，二〇〇八年的金融海嘯更暴露了民主體制與資本主義在道德上的弱點及實踐上的缺陷，至川普標榜「美國第一」，則已完全無法掩飾美國「不再那麼偉大」，而美國代表了民主自由體制。

與此相對的是，在一九八九年（終結論發表當年）發生天安門事件的中國，自九二年鄧小平南巡全力推進改革開放，在二〇〇八年金融海嘯時反而成為全球治理的支撐因素，至二〇一〇年成為全球第二大經濟體，並由世界工廠變成世界市場，又變成世界金主。二〇一二年提出了「道路自信、理論自信、制度自信」，到二〇一六年添了「文化自信」，在二〇二二年再加上一句「歷史自信」。

中共近兩年的口號是：東升西降、平視世界，中華民族偉大復興，及建構人類命運共同體。

尤其令人玩味的是，中共開始直面內外的民主挑戰，高調主張「中國式的民主」，指西方「只有選舉」的民主是假民主，而稱中國的「全過程民主」才是真民主。更說：「中國是全世界最大的民主國家。」

拜登政府說：「中國是美國唯一的系統性（systemic）敵手和競爭者。」這是在歷史終結論發表三十三年後，美國對世局的評論。歷史顯然並未終結，且好像正從福山的判斷中逆向翻轉。

美國的民主自由體制，使此時的美國徹底撕裂，許多觀察者認為距內戰僅在咫尺。相對而言，中共因取消國家主席任期限制，習近平在廿大將進入第三個任期，似乎處處皆顯現其「制度優勢」。

歷史的走勢似乎已從福山終結論翻轉。至少在表象上呈現出美國自由民主體制的耗弱及中國專政體制的崛起。回應福山「歷史終結論」的是中共的「五個自信」，而以「歷史自信」歸結。

那麼，借用福山的語法，難道中國式的專政體制將超趕並勝過美國所代表的自由民主體制，而成為人類「歷史」的新「終結」？

這未必是杞人憂天。

因為，廿世紀蘇聯式的專政體制，軍事強大，卻在經濟、社會上的治理失敗。但至廿一世紀的中國式專政，表現最突出的卻是治理效率，在軍事、經濟、科技、基礎建設各方面「系統性」的表現均甚優異，甚至連二次分配的能力（扶貧脫貧）也令人刮目相看。

相對而言，美國曾自詡為民主自由體制的典範，卻從廿世紀的自信、富足，至如今廿一世紀落入社會撕裂、治理失敗的境地。民調顯示，許多美國人認為，美國最大的危機就在自由民主體制已撐持不住。

再就全球視角看，廿世紀「防止核子武器擴散」的口號，如今卻變成「防止華為5G擴散」；當年主張「打開鐵幕」，現在卻說「抵拒一帶一路擴張」。

歷史正在翻轉。世紀之變，主要的變化是：自由民主體制將國家治理交給撕裂的社會，而專政體制將國家治理交給「集中力量辦大事」的政權。

更大的變化是，專政的「舉國體制」在經濟、科技及社會治理上皆有表現，自由民主卻相對出現失能失效。

失能的民主vs.有效的專政，是人類文明正在面對的新課題。（當然，不能過度延伸這個論述，本文主要指美中的對照而言。）

那麼，難道歷史將就此翻轉，專政將「終結」民主嗎？

當然也未必。因為，歷史雖有曲流、亂流、逆流。然而，自由是人性的本質，民主是文明的方向；專政畢竟違逆人性的本質與文明的方向。

本文認為，民主政體與專政體制經過這幾年來的大碰撞，尚未判定勝負，而應是相互比較、相互學習，進而各自演化出一種「道德與治理」更能兼容並蓄的新方案，甚至可能相互趨同為一種較佳治理體制的共同方案。

一九九〇年代的蘇東波已證實蘇聯式專政不是歷史的歸趨，而二〇一六年以後的川普風潮也證明了美式失能的自由民主體制也是文明的悲劇。世人得到的答案是：兩者都有缺陷，都不是文明的終極追求，人類必須找到一個超越二者的新方案。顯然，這已是現今的一種普世覺悟。

新方案的主題是：維持道德高度，落實治理能力。因為，專政的道德高度不夠，民主的治理能力不足。

本文關切的主題是：在人類文明的導向上，在世界歷史的歸趨上，中國及中共能夠扮演什麼角色？

如果中共仍在文革狀態，這個問題毫無意義，中國可能只是「西朝鮮」。但今日的中國已被美國稱為「唯一的系統性敵手與競爭者」，這說明中國的地位已超過了「舉足輕重」四字。因此，若問中共或中國對人類文明及世界歷史有什麼抱負，這是理所當然，甚至也應是中共及中國的自期。

以前中共常說，中國的治理模式只是用於中國的「特殊國情」，且否認有普世企圖，這是韜光養晦，也是自知之明。但是，當中國已強大至此，也就再也不能迴避對於人類文明及歷史歸趨的承當，這已是責無旁貸，甚至是捨我其誰。

亦即，在人類文明及世界歷史中，有沒有「中國方案」？

其實，今日中國已部分掙脫馬列原教旨的捆綁，尤其在經濟轉型層面；且中國文化的積澱，使中國社會不致如美國那般個人主義及縱情任性。政府的真誠改革開放加上文化底蘊的善良，中共應當可以引領人民有序共創一個「治理與道德」兼具的「中國方案」。

但是，中國方案倘是劫奪了改革開放的全民心血，竟回過頭去標榜「馬列主義基本原理」，那非但不可能「和平崛起」，也不可能「偉大」及「復興」，而恐將糟蹋了一個好好的中國，汙辱了一個好好的中國。

建立自我，面對世界。中國方案必須能夠匹配中國的自尊與世界的期待。中國方案，必須嚴肅省思。

二〇二二年九月二十五日

中國方案（中）

兩個中共的自我革命

本文（上）篇論及，中國以大國與強國之姿立足國際，必須對人類文明及世界歷史提出「中國方案」。

中國方案除了落實治理效果，也必須維持道德高度。亦即，不能只經營中國的「特殊國情」，也應在「普世價值」上建立起文明風範。

「馬列主義基本原理」也許可以維持在中國「特殊國情」的專政，但絕無可能成為「建構人類命運共同體」的道德旗幟。

中共堅持「馬列主義基本原理」，已成國際間疑懼及敵視中國的主要原因，因此絕無可能成為「可信／可愛／可敬」的「中國方案」。

中共自詡為廿一世紀的馬克思主義者，但難道整個廿世紀馬列主義對全世界及全中國的教訓還叫不醒你？不可思議。

二〇一七年的影集《人民的名義》是為中共十九大鋪墊，今年一月的《零容忍》也有為二十大鳴鑼開道的用意。兩片皆呈現許多奇貪巨腐的事蹟，反映出中共在「馬列主義基本原理」專政治理下的真貌，嘆為觀止，不禁驚詫於「中共竟然腐敗到這種地步！」然後，再炫耀中共倡廉反貪的鐵腕，除惡誅奸，又令人不禁讚嘆「中共真有肅貪反腐的決心！」

這正是中共左手打右手的專政循環。

黨的十八大以來，以近年被指為「野蠻生長」的阿里巴巴、滴滴出行等平台經濟、「無序發展」的教培產業，及演成爛尾的房地產問題來說，無一不是中共曾經標榜的政績，其原因主要是專政體制所形塑的權錢勾結所成就。因為，除了中共的專政，中國絕無任何其他力量能夠使情勢「野蠻發展」至此境地。

同樣地，螞蟻金服在香港IPO前夕突然退場、滴滴出行轉眼紐約下市，教培產業斷崖跳水等，也只有中共的專政才能對自己一手造成的「野蠻發展」加以如此「野蠻懲治」。

中共的專政不但壟斷了如何造就「野蠻」的特權，也壟斷了如何定義及懲治「野蠻」的特權。

因此，今天是萬民景仰的民營企業明星「馬爸爸」，明天就成了千夫所指的「叛徒／吸血鬼」。

這就是野蠻的左手打野蠻的右手。

其實，這只是「文革模式」的一再翻版。毛澤東塑造了「兩個中共」，一個是他代表的無產階級中共（甲中共），另一個是劉鄧等「走資派」的黨中央（乙中共），毛澤東以他的甲中共打另一個乙中共。砲打司令部，左手打右手。

《人民的名義》及《零容忍》，亦是異曲同工。駭人聽聞地揭露出一個「野蠻腐敗的中共」，然後當局再以「打擊野蠻腐敗」的「另一個中共」自居，以「好中共」打「壞中共」，取悅社會。

問題是，善惡的標準如何決定？完全靠「四個意識／兩個維護／兩個確立／不可妄議中央／取消國家主席任期限制」來決定。

專政壟斷了惡的特權，也壟斷了善的特權。這當然是專政的力量，卻也是專政的風險。

這套善惡標準，反貪裡面藏著肅反，在法庭上公然進行，儼然成了中共權力鬥爭機制的新發明，也就不必訴諸毛式公審了。

專政產生腐敗，腐敗支撐專政。中共一方面不肯交出必然造成腐敗的專政，尤其另方面更不肯交出制衡腐敗的權力，亦即不肯將懲治貪腐交給民主。

因此，「自我革命」成了新的高頻詞。自我革命，就是拒絕在中共建制外存有監督與制衡的力量。正如《人民的名義》及《零容忍》中的懲貪情節，不可能出自民主及獨立司法的制衡，或出自自由媒體的吹哨，而只能出自中共的政治選擇，亦即出自權力與利益鬥爭的選擇。

自我革命，就是一個自我標榜的「好中共」，去「革」另一個被標籤化為「壞中共」的「命」。例如，毛澤東既然是善，劉少奇、鄧小平就必須是惡。

這不但可能斷送了社會的生機，也必定扼殺了黨的活力。當「反腐」演成「換腐」的循環，也就成了「甲中共」與「乙中共」權力及利益反覆鬥爭的周期率。這其實是一套鬥爭模式，卻成為一套治理機制。永遠執政，就成了永遠鬥爭。

最後只能用「取消國家主席任期限制」來凍結鬥爭。

一次的「唱紅打黑」，孕育下一次的「紅黑換位」，然後再來一次「唱紅打黑」。循環往復，這就是中共炫耀的「自我革命」？

其實，中共改革開放獲致重大成就，無人可以否定華國鋒等人在懷仁堂臨門一腳的千古功勛，更因出現了「小崗村式」冒死違反當局的民意，也更因黨內出現了像胡耀邦主張「實踐是檢驗真理的唯一標準」那種推翻「兩個凡是」的多元思考。甚至，無可否認，六四風潮也絕對是將中共推向大步改革開放的重要動力。

由此可見，改革開放的成功，主因可謂就在朝野一同「妄議中央／妄議馬克思與毛澤東」，亦即成功自黨內及民間的思想解放與多元參與。

毛澤東的「惡」不能靠專政而永續維持，改革開放的「善」卻是因多元及民主而深植人心。

如果把馬列主義切成一段一段，當然在個別段落中能找到道德依據或治理處方。但這個以國家、政府、政黨、階級最終皆必將趨於消滅的烏托邦，卻以無產階級專政與階級鬥爭為「過渡」的政治手段，可證從系統結構來看，馬列主義根本是一個自相矛盾、自欺欺人的騙局。中共難道想要玩弄千秋萬世的「社會主義初級階段」？

說到底，中共主張「馬列主義基本原理」，主要是做為一黨專政的依據，但這只是自說自話，不可能為專政增加任何正當性。尤其，中共若對外標舉「馬列主義基本原理」，更不可能成為「建構人類命運共同體」的道德號召。

中國如今因全民在改革開放上的努力已取得舉足輕重的世界地位，中共即應以更高的文明表現來回饋中國人民，並應當建立起一套能夠支撐起「普世價值」的道德風範以匹配中國的世界角色。

必須先完成「中共的自我救贖」，始有可能實現「中華民族的偉大復興」。中共若能走上正路，中國就能走上正路。以中國的體量，中國若走上正路，就必有可能引領世界走上正路。

如此，對中國人民才是報答，世界也才會歡迎中國的崛起。

「自由是人性的本質／民主是文明的方向」。中共雖不能一蹴而至，卻應當心嚮往之。

這應當是「中國方案」不可或缺的內涵。中共不要畫地自限，不要糟蹋了中國。

中共若以「馬克思基本原理」作繭自縛，如何奢言自我革命？

二〇二二年十月二日

中國方案（下）

還好有鄧小平

拜登政府說「中國是美國唯一的系統性的敵手與競爭者」，足證中國崛起已是世界必須正視的現在進行式。

中國在近幾年的美中對抗中難謂勝出，但也並未敗北，因此世人不再將中國的「五個自信」不當一回事。歷史並未終結，「中國方案」勢必對人類歷史的走向發生重大影響。

中共的專政體制與美國的自由民主體制，走到今日分庭抗禮的境地，大致是因世紀之交的三大世局變遷的影響所致。

一、全球化引起的國際競爭，抬高了政府的角色。民主政治是以權力分立及一人一票等機制來制衡政府，卻不能直接節制全球化後的國際競合。例如，科技優勢的國際角力，就必須訴諸國家操作，台積電及華為就是兩個顯例。因此，政府角色的競爭遂成全球化國際競爭的主要元素。

二、貧富差距擴大成了世界趨勢，網路經濟及ＡＩ的進展，更使社會愈來愈呈Ｋ型發展，國家介入二次分配及財富轉移的角色即成民間期待。這是經濟問題，也是社會問題，更是政治問題。政府的經濟治理轉向左傾及社會主義思維遂成必然與必要。

三、網路治理的差異，使民主社會更撕裂耗弱，使專政更強大。

這三大變遷的課題，正是民主政治及資本主義的弱項，相對卻是「專政舉國體制」的強項。這也正是各方開始正視中國崛起的重要原因。

美國式的自由民主體制如果造成你死我活的社會撕裂，失能失效，必將面對「為何民主／為誰民主」的惆悵與質疑。而中國是十四億人口的大國（約占世界五分之一），如果永遠用專政體制經營一個低人權、低民主的「饔嬰社會」，則中國愈強大，恐怕對人類文明的傷害也愈大。

因此，這一場美中體制衝突與價值衝突，如今尚不到論是非成敗的時候，民主政體面對的課題是要提升治理能力，專政體制未來的功課則在提升道德高度。

北歐探索的「民主政治加社會主義」，提升國家介入，但維護個體尊嚴。這是美國及中國都做不到的，一直是可能發展的「福利國家／第三條路」。

中國如今的成就若要更上層樓，就應進入歷史的主軸線：自由是人性的本質，民主是文明的方向。不必唱衰中國，只是必須期勉中共。

本文認為，中共及中國應當有這個可能性。因為，中國有三個「還好」。

一、還好有鄧小平。中共建政後的前三十年是一段腥風血雨的歷史。那些悲劇皆因馬恩列斯毛的理論與實踐而起；因此中共若欲重建其黨國論述，即應淡出馬毛，至少不應再以「馬克思／毛澤東」為旗幟。

還好有鄧小平。他的「不論黑貓白貓」，可謂將馬克思與毛澤東關進了籠子裡，其「改革開放」完成了人類歷史上成果最豐碩的改制維新。若以毛澤東的誤入歧途，對照鄧小平的迷途知返，就能顯現中共有自我糾錯、更生再造的能力。那麼，何必死抱馬毛，為何不從鄧小平走出來？

鄧小平在六四開槍，是政治汙點，但他的改革開放可謂也回應了六四。因此，他的終極歷史評價仍是「改革開放的總設計師」。

將中共的「人設」從馬毛向鄧小平移動。對內可放大提升所有中國人的情懷，對外可增加國際對中國崛起的信任與期待。

中國繼續抱著毛澤東，猶如德國如果仍然抱著希特勒，亦如俄國如果仍然抱著斯大林。

淡出馬毛，才能伐骨洗髓、脫胎換骨，重新做人。

二、還好有「中國特色社會主義」。鄧小平一輩發明「中國特色社會主義」，就是為了擺脫馬毛的捆綁。其實，中國特色社會主義高於並大於馬克思及毛澤東。若回到馬毛，將是作繭自縛。中國特色社會主義則是一只開口的袋子，可以掏出掏進，進出自如，增添了成長與進取的可能性。

三、還好有中華文化。馬克思及毛澤東對中國最大的傷害，就是「以階級鬥爭為綱」的毒素已深入人心，毒化了人性。人與人的關係就是鬥爭。官與官的關係是鬥爭，官與民的關係也是鬥爭。「鬥爭」已夠恐怖，套上了「階級」鬥爭更是猙獰。以鬥爭為成就、以鬥爭為生計的政治與社會，絕非幸福國家，也絕非幸福社會，亦無幸福人生。

「仁者，二人也。」中國文化以「仁」為「人與人」的關係。己立立人，己達達人。

馬毛以「階級鬥爭」來分化社會，中國文化則以「大同世界」來融合社會。甚至可說，用中國文化的精粹元素，禮運大同，可能更能趨向理想的社會主義。性如湍水，決諸東則東流，決諸西則西流。中共應當對中國鬆手了，要將人性引入「仁者，二人也」，而不要再將人性導向「馬列主義基本原理」。

近年已有2G的說法，中國可謂已經接近世界的巔峰。中國必須拿出正確的「中國方案」，這個方案應當能夠昇華人性、光大文明，始不負十四億中國人及世界的期待。

中國如果正確了，世界也可能更接近正確。

完全專政的中共，對於已處百尺竿頭的中國能否在人性及文明上更上層樓，負有完全的責任。

從中共黨史看，毛澤東一人就把整個黨、整個國家帶錯了路，而鄧小平一人就把整個黨、整個國家帶對了路。一人喪邦，一人興邦。專政有走錯路的絕對風險，但專政也有帶對路的絕對能力。

其實，鄧小平也不是僅憑一己之力就能起死回生。如前文所述，葉劍英、華國鋒、胡耀邦、趙紫陽，甚至天安門事件爆發的全國洶湧民意，皆是鄧小平改革開放的關鍵助力。中共若有第四次《歷史決議》，應當將這些未表揚於第三次《歷史決議》

的英烈及六四廣場的鮮血貢獻載入史冊，才是公正。
試問：後二十大的中共當局，你們要把中國帶往何處？普亭的「回復大俄羅斯榮光」夢碎，習近平的「中國夢」未圓。今日普亭，明日習近平？今日俄羅斯，明日中國？細思極恐。
中國是一個來自五千年前而將延綿無盡的人性與文明的載體，它不是專屬於中共，而是屬於十四億生靈的過去、現在與未來。
中共不可能永遠專政，但既然如今專政，就應對舉世矚目的「中國方案」負起完全的責任。何去何從？
正在崛起的中國，尤其不可被帶錯了方向，否則就是千古難贖。
中共的「五個自信」，必須再加一個「自省」。
自由是人性的本質，民主是文明的方向。這是一個台灣書生的批評與祝福。
中共何妨以超趕台灣的健保成就，做為二十大後的首要國家目標。
二〇二二年十月九日

文明弔詭

暴政不亡論

中共二十大落幕，已經統治中國十年的習近平取得了任期不受限制繼續治理中國的最高地位。這是一個重大的歷史開局事件，中國怎樣看自己？世界怎樣看中國？

上世紀九〇年代，李登輝突然變臉，改以「中國崩潰論」及「中國七塊論」翻轉了原以《國統綱領》為主軸的兩岸政策。中國崩潰雖不是當年的國際思維主軸，但人們似也覺得中共這種體制遲早皆有「和平演變」的可能性，時間不在中共。當時也有此起彼落的「中國威脅論」，但聽起來只像是牧童的狼來了，很少人會把中國崛起認真地當一回事來看。

這種氛圍，可說是建立在古舊的「暴政必亡」思維上，不看好中共體制的未來性。福山的「歷史終結論」，其根本可謂就是建立在「暴政必亡」的文明與道德演化論上。

然而，卅年後的今天，已經聽不到「中國崩潰論」或「中國七塊論」。現在，幾乎沒有人不認為中國真的已經崛起了，而且以美國為首的西方已毫不掩飾地公開說，他們面對的最大挑戰就是不能讓中國超越，不能讓中國崛起。

到了這個時候，西方似乎才警覺，中共的專政非但不是「暴政必亡」，反而成為其體制的優勢，世界可能正在面對一個由中共示範的「專政不亡論」，且正在趕超西方。

當前這一場美中修昔底德對抗的文明衝突（借杭亭頓概念），最細緻的問題是大概不能再套用「暴政必亡」的格式來演繹。因為，中共現今的體制與表現，已與古舊的「暴政」迥異。

一、不一樣的「暴政」：古舊的暴政是牛棚、集中營、戴圓錐帽、黑五類、人民公社、大躍進、路有餓莩、水深火熱，蹲在路口賣兩顆雞蛋也是資本主義的尾巴……但今日的中國，已成世界工廠、世界市場及世界金主。在人均所得一萬美金的社會，處處可見幾乎是杜拜級的基礎建設與公共設施。中國地鐵的堂皇亮麗，使紐約地鐵顯得像是落後了幾個世紀。高喊共同富裕，這不像是「暴政」提出的口號。

二、推不倒的「暴政」：蘇東波解體的慘劇，給中國打了一劑「告別革命」的疫苗。六四開槍，換來三十餘年的發展機遇。香港反送中，用不開槍的方法化解了「攪炒」。台灣的民主撕裂，成為中國民主的反面教材。這些，皆使民主的熱情與幻想從中國的土壤中不斷流失。再從中央紀委監委、公檢法至街道組織，構成天羅地網的國安控制；上一秒鐘仍是幾千萬粉絲的網紅大咖，下一秒鐘就「社會面清零」。如此，若欲由下而上推翻這樣的體制已幾無可能。再者，因薄熙來案建構的「用反貪來肅反」已經制度化，不必再公審習仲勛，也不必再囚殺劉少奇，頂層政爭可直接在法庭上藉反貪審判公然進行，且以涉案者的爭相「立功」來放大效果。這樣的政權，可見很難顛覆。

「暴政」不一樣了，「暴政」難以推翻。相反地，當「暴政必亡論」的道德論述，可能轉變成「專政不亡論」的現實論述，因而也逐漸浮現出「民主失能論」的省思論述，這才是世人必須面對的文明悖論。

民主政治的根源出自對國家內部「統治／被治」關係的節制。建立在「人權／制衡／自由主義／個人主義／小政府」等概念上，其基本價值是「保護個人／節制政府」。這樣的體制，由於政府對內外資源的調度能力較弱，在全球化時代，國際競爭升高的情境下，內外肆應的能力亦相對較弱。

但像中共這樣的專政體制，建立在「低民主／低人權／集體主義／民族主義／國家主義／大政府」的概念上，其基本價值是「控制個人／成就政權」。這樣的舉國體制，在全球化時代，由於政府對內外資源的調度能力較強，因而其內外肆應的能力也較強。

因此，看今日國際趨勢的走向，各國皆以升高政府職能及深化政府介入為國家治理的方向，此即對全球化的回應。亦即，今後可能出現「民族主義／國家介入資本主義／社會主義／大政府／專政體制」vs.「民族主義／國家介入資本主義／社會主義／大政府／民主政治」兩大制度體系的競爭。

亦即：國家意識提升、政府職責加重，但一方是以專政體制去完成，另一方則須經由民主政治去實現。

這個說法也許太過格式化，卻可能是未來國家治理的競爭方向，尤其可能決定美中之間修昔底德關係的發展。

美國的憂慮與恐懼不言可喻。因為，中國不是蘇聯。蘇聯是「暴政必亡論」，中國則很可能是「專政不亡論」。美國如何因應，可有「戰爭壓制／和平發展」兩種思維：

戰爭壓制。從邏輯因果論，美國若想徹底阻止中國崛起，就要藉用台灣題材在台海誘發一場「烏克蘭式」戰爭並獲勝，因此或能阻止中國崛起於一時（可能不是永遠或長期）。但是，此戰代價難估、勝敗未卜，且中共亦未必會對號入座、墜入陷阱。就中共來說，只要能維持美國及台灣不越底線（宣布法理台獨），中共就能「管理」這場戰爭於「鬥而不破」。

和平發展。就要回到前述的體制競爭。美國的民主治理，如果仍是「撕裂社會／癱瘓政府」，坐看國民及企業「兄弟登山／各自努力」；相對地，中共的專政體制，如果真正走向「你給我權力／我給你治理」。那麼，中國崛起，只是早晚而已，即使不易凌駕美國，卻應可相互頡頏。

以上評論，不是忘卻了道德是非，而在強調，在本質上這是一個治理效果的問題。

中美不太可能一戰決雌雄。因為，打不打，不只看美國的陷阱，也要看中共的理智與定力。然而，若是不打仗，和平發展，中國該怎樣看自己？世界會怎樣看中國？

自由是人性的本質，民主是文明的方向。中共現今的這種專政，或可使中國強大，但不能使中國偉大。畢竟，以中國人的善良優秀，他們值得擁有更有自尊的政治體制。

其實，專政或暴政就是民主自由的壟斷者與配給者，如今的中共正是吝嗇的壟斷者與配給者。中共當然不可能一步跨向民主，但至少可逐漸增加民主自由的配給，邁向「分期付款的民主」。中共若能展現這樣的心志，始能從本質上改變國際對中國的戒懼及敵意，並贏得可信、可愛、可敬的世界形象。

總之，中共從「暴政必亡」可能轉向「專政不亡」或「暴政不亡」。這是一個大歷史的大課題，中國如何承當？世界如何面對？台灣如何因應？

二〇二二年十一月二十日

一尊不要變成獨夫

習近平如何譯讀這張白紙

不著一字，盡得風流。

大陸多所高校出現學生雙手在胸前持一張白紙群聚抗議的場景。稱為「白紙行動」或「白紙革命」（A4 Revolution）。

網語說：「一張白紙，什麼都沒說，但誰都知道在說什麼。」

我第一次看到這一片白紙，心裡冒出的第一個想法是：你不讓我說，我不敢說，但你知道我要說什麼。

然後，接下來的聯想是「盡在不言中／不言可喻／你懂得／心照不宣／不用廢話／早就說過／說也沒用／你說呢」等等。

這是一張張痛苦的白紙，窒息到不知道能說什麼。

然而，其實還是說了很多。各處出現的口號及標語包括「解封／不自由、毋寧死／言論自由、新聞自由／不要終身制／不允許修改黨章／中國不需要皇帝／共產黨下台／習近平下台」等等。

最具代表性的是十月四通橋彭載舟的天橋橫幅，「不要核酸要吃飯／不要封控要自由／不要文革要改革／不要領袖要選票／不做奴才做公民」，從批判防疫到衝撞體制，呈現出社會多元抗議的全覆蓋，流傳甚廣。

清華大學女生拿著麥克風對著同學吶喊「從今天起不再為公權力口交」。一字一滴淚，一字一滴血。

面對這些白紙上沒寫出來的或在校園及街頭的呼號，中共高層現在最起碼應當做的，是將這些真實的視頻毫無隱瞞地呈給習近平看一看，因為這些真相在「新聞聯播」裡看不到，讓他知道，今日真正的民情與他在二十大自己製造的掌聲，出現了驚人的落差。

二十大，在「兩個維護／兩個確立／四個意識／不准妄議中央」下，習近平定於一尊，倡議「中國夢／中華民族偉大復興／中國式現代化」，眼中所見盡是匍伏於腳前的政治轎夫，耳中聽到的全是自己製造的罐頭掌聲。

如今，民眾爭的卻只是火災時下樓的權力，及心痛次生災害讓一個三歲的孩子死前一個月只吃胡蘿蔔，而不是什麼「偉大復興」。出現了「不要終身制／中國不需要皇帝／習近平下台」這類刺耳的口號，不啻是已將一尊視為獨夫。

因此，習近平若能親自閱聽到這些場景（不是口頭或書面報告），對他一定是有益的，左右不但不可遮蔽，而且應當主動呈閱，這真的是為習近平好。

這一次，中共尚未將這些抗議稱作「動亂」，而是盡量拉低到「悼念烏魯木齊火災／主張放寬疫情管控」的層次。但是，中共始終皆稱動態清零是出自「黨的性質與宗旨」或「黨的性質與原則」，因而這些抗議的基本訴求雖是防疫問題，卻必然要指向政治體制的問題，指向了「不要終身制／中國不需要皇帝」，指向了「共產黨下台」，指向了習近平。一尊成了獨夫。

就本質而言，北京的防疫操作，早已脫離科學，而綁死在政治上。因而，從開始的體制優勢，至今卻走入了體制的絕境。

在民主社會及其他亞威權體制下，隨著疫情發展，社會中的「防疫訴求」與「開放訴求」兩種需求及民意，會滾動地出現相對的拉鋸，最後「防疫」與「開放」、「死亡」與「生存」就會出現一種相互的包容。最後，封控或開放成了大家自己的選擇。代價由民主承當，責任由社會共負。

但是，中共的體制卻認為自己必須承擔一切責任，社會也認為體制須負全責。因此，政府對防疫層層加碼，而民眾也因政府的宣導而對疫情沒有科學性的認知，如鄭州富士康的大脫逃及石家莊的抵制鬆綁。這些皆因「黨的性質與宗旨」所造成，可謂成也體制，敗也體制。

一尊，也許是體制優勢，「集中力量辦大事」，但也可能「集中力量闖大禍」，民間非但不為體制的「人民第一／生命第一」而感恩戴德，極端者甚至視體制為殘民以逞的獨夫。

因而，目前所見，已非中共體制的優勢，而是體制的軟肋。當體制的強制力不斷突破了極限，非但未能完善治理，反而觸生危機。此即《大屋頂下》曾指出的「權力的停滯性通膨」。大意如下：

權力的擴張與增強（通膨）與政治治理的績效（成長），可以是正相關的。治理帶動擴權，擴權成就治理。但若是在「治理失能」與「權力加碼」同時存在，或欲以權力加碼來壓迫治理時，就可能會形成「權力的停滯性通膨」，釀生災禍。眼下的此情此景，正是如此。

獨夫正是「權力滯脹」（權力膨脹，治理停滯）的觸動者。

中共將習近平塑造為一尊，用意當在寄望他成為明君，而應不是要他變成獨夫，也不能容他變成獨夫，習近平自己亦當以明君自期。雖然，這個封建遺毒的「君」字存有貶義，但明君仍勝獨夫。群眾喊「中國不需要皇帝」，但既然已經有了，也希望有個好皇帝。

眼下「白紙行動」的場景，可使習近平越過匍伏腳前政治轎夫們的背脊，看到被壓制掩埋在「兩個確立／兩個維護」下的真正民情與民意。

這種民意是一直存在的，只是被壓制，被掩埋了。中共欲將此輕描淡寫成「悼念火災／建議解封」，但也不能對民眾對頂層體制的強烈質疑與批判故意視而不見。因為，一切皆因「黨的性質與宗旨」而生，一切都是體制問題。移走「烏魯木齊中路」的路標，只是掩耳盜鈴，而非實事求是。

這場「白紙行動」，儼然是一尊與十四億人的不對稱力量對抗。目前尚難料結局如何，但畢竟已發生作用。現在，由於一尊的顏面不能丟，因此一方面仍高擎「動態清零」的殘旗，但已改為「快封快解／應解盡解」。打左燈，向右轉。

習近平如何譯讀這張白紙？千萬不要又解讀為「境外勢力」。這場風潮的境內因素絕對高於境外因素。嫁禍境外勢力，顯示習近平不知自省。群眾問：「烏魯木齊的火是境外勢力放的嗎？」何況，即使退一萬步說，境外關切，難道這不正是中共倡議擁護的「人類命運共同體」嗎？

群眾說：現在中國最大的境外勢力是馬克思與恩格斯。

本文認為，習近平及中共應在這張白紙前沉痛反省並心存感激，千萬不要秋後算帳，因為正是這一張張白紙，將習近平從獨夫邊緣拉回到一尊。正如中共亦應感激六四事件使鄧小平及中共更積極地走向改革開放，改革開放是踏著六四的血跡上路的。民意是國家的建設者，而非破壞者。面對白紙，感激人民，服從人民。

本文嘗試譯讀白紙上的無字：「自由是人性的本質，民主是文明的方向。」一尊勿變獨夫，這是期望，也是祝福。

二〇二二年十二月四日

寧跪馬克思　不奠鄧小平

習近平在二十大做了兩件影響中共重大深遠的事：㈠取消了黨政最高領導人（他自己）的任期限制。㈡將中共的政治譜系論述返祖到馬克思。

這兩件事皆與鄧小平背道而馳。

先說㈠。鄧小平建立了官員的任期制度，包括國家主席在內，皆以兩屆為期。尤其，將禁止個人崇拜寫入了黨章。至江澤民，又有「七上八下」的規範，這種一刀切的手法，固然未必盡合情理，卻是中共這種體制唯一可能禁絕流弊的「天條」。如今，任期制取消了，個人崇拜回來了，七上八下也甩掉了，這當然可能強固習近平的統治於一時，但就遠大來看，卻不啻為中共未來的權力競逐留下重大隱患。

再說㈡。若說㈠是權力的營造，㈡則是權力的性質與方向。因此，㈡比㈠更重要。

鄧小平一輩發明的「中國特色社會主義」，主張「黑貓白貓」及「實踐是檢驗真理的唯一標準」等務實主義，主旨皆在使中共脫離馬克思、毛澤東的捆綁。改革開放之所以成功，主因即在把馬克思、毛澤東關進籠子裡，而絕非因實踐了馬克思主義及毛澤東思想所致。這就是性質與方向。

在習近平之前的「鄧／江／胡」時代，中共可謂已將「中國特色社會主義」懸為旗幟思想，雖出於權術仍維持馬與毛的位置，但「中國特色社會主義」已高於並大於馬毛。亦即，馬毛在政治上仍是「中國特色社會主義」的組成部分，但小於並低於「中國特色社會主義」，可說只是一個拖油瓶。

然而，習近平上任後，很明顯地有返祖馬克思的強烈操作。標榜「馬克思主義基本原理」，更屢稱「馬克思主義是我們立黨立國、興黨興國的根本指導思想」。亦即，以馬克思為旗幟、為根本，儼然高於大於「中國特色社會主義」，反賓為主。

習近平在中共建黨一百年及二十大兩次談話，皆重複使用了同一段講詞。他說：「實踐告訴我們，中國共產黨為什麼能，中國特色社會主義為什麼好，歸根到底是馬克思主義行。」從上下文看，中國特色社會主義是因馬克思而好，小於低於馬克思。這是性質與方向的轉變。

其實，中共迄今並未拿出一個「馬克思主義基本理論」的官訂版，只見一些雞零狗碎的議論。眾所皆知，馬克思主義的「基本原理」，絕對脫不掉兩個脈絡：

一、就實踐言：馬克思主義的四大基本原理是①消滅私有制。②暴力革命。③階級鬥爭。④無產階級專政。試問：這四大基本原理，有哪一點是中共今天可以公開坦然向國內及國際宣示的「立黨立國」的根本思想？說得出口嗎？

二、就願景言：馬克思政治願景的基本原理是「國家死滅論」，最終以消滅階級、市場、政黨、警察、監獄、法院、貨幣、政府及國家為目標，將實現一個「自由人的共同體」。毛澤東接受此種「國家死滅論」並背書，他說：「消滅階級，消滅國家，全人類都要走這一條路，問題只是時間和條件。」試問：今日的中共與「國家死滅論」的基本原理，究竟是相向而行，或背道而馳？

任何對馬克思主義略知皮毛者皆可確定：前述實踐面的四大手段，及願景面的「國家死滅論」，就是所謂「馬克思主義基本原理」。沒有這些「基本原理」，就絕對不是「馬克思主義」。

中共的「前三十年毛時代」可謂就是「馬克思主義基本原理」的實踐，最後搞到已瀕亡黨亡國；「後三十年鄧時代」，則是黑貓白貓的改革開放，拚死掙脫了「馬克思主義基本原理」及毛澤東思想，標榜「中國特色社會主義」，所以起死回生。

奇怪的是，如今竟然說「中國共產黨為什麼行，中國特色社會主義為什麼好，歸根到底是馬克思主義行」，這完全是顛倒黑白。

這種說法，不啻是要塗抹掉「馬克思主義基本原理」造成億萬人非自然死難的鐵板釘釘的史實，是不正確的；尤其是否定了鄧小平一輩打倒「五人幫」（包括毛澤東）救黨救國的千古功勛，更是不公平的。

這是性質，也是方向。寧跪馬克思，不奠鄧小平。史實正確嗎？史論公平嗎？

前文論及習近平做的兩件事。㈠關於權力的經營，將中國與中共綁在他個人的身上。㈡關於權力的性質與方向，一方面將鄧一輩集體創造的「中國特色社會主義」掠奪冠名為個人化的「習近平新時代中國特色社會主義思想」，另一方面卻重新強調返祖，以「馬克思主義基本原理」為「立黨立國、興黨興國的根本指導思想」，於是又將中共及中國綁回到馬克思身上。

習近平不可能千秋萬世，其得失功罪尚待觀察，中共綁在他身上終有一天會解開。但如今又將中共及中國綁回馬克思身上，連中共及中國未來的性質與方向也被綁住，這是不是白白糟蹋了改革開放力拚中共與中國從馬克思解脫出來的一場心血？

中共若要回到馬克思，首應拿出一個「馬克思主義基本原理」的官訂版，說明是否要回到「消滅私有制／暴力革命／階級鬥爭／無產階級專政／國家死滅論」。若是，則更應說明，實踐「馬克思主義基本原理」，難道就是「中國夢／中華民族偉大復興／兩個一百年／全面建成現代化社會主義強國／中國式現代化／人類命運共同體」的最高追求？這豈不聳人聽聞。

馬克思在發明他的「基本原理」時，西方甚至尚無普選，一般工人無選舉權，他曾以強化工會及組織工人政黨為奢望。但經百餘年的文明演進，非但已是一人一票，且在許多民主國家，以工人訴求為主的共產黨或工黨也可公平爭取政權。因此，馬克思原本是先驅，但現在再看他的「基本原理」，讚美說是烏托邦，批評則甚至可逕稱是罪惡。

習近平因「不能裸接毛澤東／不甘裸接鄧小平」，所以抬出馬克思為黨國論述的祖宗（見三月廿日《大屋頂下》）。他先將「中國特色社會主義」自私化（習近平化），再用「馬克思主義基本原理」將「習近平新時代中國特色社會主義」馬克思化。如此胡拼亂湊，如何可大可久？

白紙行動中，群眾指出：中國最大的「境外勢力」就是馬克思與恩格斯。

權力重要，性質與方向更重要。中共應回復「中國特色社會主義」的初心，可將馬克思主義及毛澤東思想存為其組成部分，但不可再用「馬克思主義基本原理」凌駕「中國特色社會主義」。

那就是佛頭著糞，作繭自縛。

二〇二三年一月一日

三民主義就是中國特色社會主義

一位網友在《大屋頂下》留言：三民主義就是中國特色社會主義。乍看眼睛一亮。正是：眾裡尋他千百度，驀然回首，那人卻在燈火闌珊處。

上週《大屋頂下》說：歷經文革浩劫，鄧小平改革開放，將馬克思、毛澤東關進籠子裡，以「中國特色社會主義」取代了「馬克思主義／毛澤東思想」。亦即決定，「中國特色社會主義」高於並大於「馬克思主義基本原理」。但是，今天在「習近平新時代」中，卻稱「中國特色社會主義為什麼好，歸根到底是馬克思主義行」，頓時又使「馬克思主義基本原理」高於並大於「中國特色社會主義」，反賓為主。

什麼是「中國特色社會主義」？「中國特色社會主義」的核心價值、核心手段及核心目標，難道就是「馬克思主義基本原理」？

「中國特色社會主義」與「馬克思主義基本原理」，誰大於誰？誰高於誰？

中共必須嚴肅面對這個問題。這不但是正確及公平對待鄧小平一輩改革開放事功的問題，也是決定中共及中國前途的義理之辨。中共不可玷汙鄧小平的改革開放，中共不要自誤，更不能誤了中國的前途。

馬克思主義基本原理，有兩大疑義：

一、自取滅亡：「消滅私有制／暴力革命／階級鬥爭／無產階級專政／國家死滅論」，本文稱此為「馬克思主義五大基本原理」。若說「中華民族的偉大復興」是在實現這五大基本原理，豈不是自取滅亡？

二、作繭自縛：「中國特色社會主義」好像一只開口的袋子，可以掏出掏進、進出自如；因此，即使馬克思及毛澤東的一部分，也可放進袋子裡，成為「中國特色社會主義」的組成部分，這就成了一只八寶袋。但若反過來，將「中國特色社會主義」裝入「馬克思主義基本原理」的袋子裡，「中國特色社會主義」就封了頂，只能馬克思，不能其他，作繭自縛。

什麼是「中國特色社會主義」？其實只有四個字：改革開放。

但習近平說：「中國特色社會主義為什麼好，歸根到底是馬克思主義行。」這是由於習近平必須祭出馬克思，才能使自己在馬克思之下，與毛澤東、鄧小平比肩。當習毛鄧三人皆在馬克思之下，即可不分大小。若沒有馬克思，習如何能使自己與毛鄧二人平起平坐？

其實，胡錦濤時代曾嘗試為中國特色社會主義定義，建構「社會主義的核心價值觀」。所謂的「二十四個字」：富強、民主、文明、和諧、自由、平等、公正、法治、愛國、敬業、誠信、友善。

這十二個項目，包含了民主、法治、自由、平等，偉大光明正確，似乎嗅不到馬克思主義的「五大基本原理」。

習近平初任時也曾重申這一套社會主義核心價值觀。卻不知他為何如今卻倒退回到了「馬克思主義基本原理」？

但是，習近平在中共二十大又說：「建成富強民主文明和諧美麗的社會主義現代化國家。」這也比較接近「中國特色社會主義核心價值觀」，而與「馬克思主義五大基本原理」迥異。

那麼，如何定義中國特色社會主義？可以回到網友的高見：三民主義就是中國特色社會主義。

中共不可能明文接受這個說法，但可以認真體驗此一說法蘊涵的啟示。

中共在內戰中打敗了國民黨，但三民主義沒有輸，且孫中山仍在中國屹立迄今。這其實正是當前中國及兩岸問題的未解癥結。

國共內戰中，中共的主要主張，即在討伐國民黨沒有如實實踐三民主義，尤其沒有兌現民主政治。一九四二年，毛澤東說：「蔣介石的獨裁和專政是必須推翻的，因為中國人民最需要的是民主政治。」因此，中共贏了內戰。

一九四五年，毛澤東承諾：「有些人懷疑共產黨得勢之後，是否會學習俄國那樣來一個無產階級專政的一黨制度。我們的答覆是：我們這個新民主主義制度不可能、不應該是一個階級專政和一黨獨占政府機構的制度…將保障人民言論、出版、集會、結社、思想、信仰和身體等自由。」但是，中共卻食言毀諾迄今。

中共打敗了國民黨。然而，卻迄今仍然崇敬孫中山，並仍然肯定三民主義。每年五一及十一，天安門廣場上，馬恩列斯的巨像早已撤走，但孫中山的巨像依然矗立。習近平在「紀念孫中山先生誕辰一五〇週年」說：「毛澤東同志把三民主義綱領稱為留給我們的最中心、最本質、最偉大的遺產。」「中國共產黨是孫中山先生最堅定的支持者、最忠誠的合作者、最忠實的繼承者。」

連毛澤東都稱「三民主義綱領」是中共的「三最遺產」，而習近平也重申「中共是孫中山先生最忠實的繼承者」。那麼，將「三民主義基本原理」納入「中國特色社會主義」的口袋裡，成為一個組成部分，豈不是理所當然？

三民主義的基本原理是：民族、民權、民生。其實，三民主義可說就是中國特色社會主義。

孫中山至彌留，仍稱「必須喚起民眾及聯合世界上以平等待我之民族」，這是民族主義，與「中國特色社會主義」一致。至於孫中山甚至有「民生主義就是共產主義」之說，其人道關懷及社會分配觀與共產主義的初心可謂無異，此亦與「中國特色社會主義」相容。唯孫氏稱「民生主義就是孔子所希望之大同世界」，自與「馬克思主義五大基本原理」不同。落差較大的是民權主義，孫中山主張「人民有權／政府有能」，以四個民權對應五個分立的政府治權。但是，今日中共不但沒有政黨輪替，甚至當局個人也沒有任期限制；沒有全民民主，甚至沒有黨內民主。如此，其實有違「社會主義核心價值觀」，亦有違「建成民主的現代化社會主義強國」。因此，三民主義關於民主及民權的「基本原理」，容當納入「中國特色社會主義」的口袋中。

尤其，三民主義及孫中山，都是「中國的」，但馬克思及其基本原理皆是「境外勢力」。中共要建立自我，首先應中國化。

「中國特色社會主義」是一個向未來前端開放的體系，今天做不到「民主／法治／自由／平等」，然懸的以赴，明天或有可能做到。但是，若以「馬克思主義五大基本原理」主導，那就是自我封頂，中國的未來也完了。

如何定義中國特色社會主義？回到「馬克思主義基本原理」是作繭自縛，採擇「三民主義基本原理」則是蛻繭化蝶。

二〇二三年一月八日

中共與中國的第三條路

十一月杪中國出現的白紙風潮，有人稱「白紙革命」，有人稱「白紙運動」。白紙革命是拉高到「共產黨下台／習近平下台」的高度，白紙運動則定位在呼籲解封的民生層次。

其實，彭載舟的天橋橫幅呈現了此一風潮的全貌：「不要核酸要吃飯／不要封控要自由／不要謊言要尊嚴／不要文革要改革／不要領袖要選票／不做奴才做公民」。他且主張「一人一票選主席」。

可見，此一風潮屬多層次，是運動與革命的複合體。就其效果看，若無「不要領袖要選票／一人一票選主席」的尖銳語言，今天恐怕還換不到中共的醒悟，快速解決「不要核酸要吃飯」的問題。但若說革命，只是泡沫。

此次經歷再次證實《大屋頂下》說的「專政不亡論」，甚至有人嘲笑「白紙革命」的虛幻。但是，這個風潮也同時證實，在這樣的關頭，正因出現「共產黨下台／習近平下台」的革命口號，才是終於擊醒中共的一記當頭棒喝。

其實，革命論或運動論，在民主政治中皆是理所當然。在台灣，從陳水扁下台、馬英九下台，一直喊到蔡英文下台，大家都視為當然。美國驢象兩黨，更幾是每天都在推對方下台。但是，在中共體制下，下台論卻成禁忌。

於是，長期以來對中國政治前景一直有兩種看法。一、不能革命，中共垮了，中國也垮了。二、只有革命，中共不垮台，中國不會好。

白紙風潮則似乎呈現了第三條路：讓中共有下台的戒慎恐懼，促使中共進取改革。

亦即：中共變好了，中國也就可能變好。這可說是對全人類最佳的方案。如何進行，至少可有兩個起步：

一、讓一部分的錯誤先得到糾正：重建政治譜系，確立「中國特色社會主義」大於並高於「馬克思主義基本原理」及「毛澤東思想」的地位。因為，如《大屋頂下》所說，「馬克思主義五大基本原理」是錯誤的也是罪惡的，以「階級鬥爭為綱」的毛澤東思想也是錯誤的更是罪惡的。中共若繼續不承認或包庇馬毛的錯誤，將使自己不能脫身，作繭自縛。

馬克思及毛澤東皆是伴隨中共走過來的巨人，自然對中共有大功，但二人的錯誤卻是明明白白地對中國有大罪。中共可將中國的馬毛經歷解釋為「艱辛探索」，但今後要向人民、向中國及向世界證明，中共已經走出了馬克思及毛澤東的籠子。正如德國已經走出希特勒的籠子。

端正政治譜系非常重要，這牽涉到「黨的性質與宗旨」，攸關是非之辨，也是正邪善惡之辨。中共繼續崇拜馬毛，這個黨就永遠是不知正邪善惡的黨，每一個黨員都可能是薄熙來，每一個當權者也可能只是薄熙來。

不知是非正邪，黨的氣質就始終汙濁，不能清正。若欲重建政治譜系，先從淡出馬毛做起，讓一部分的錯誤先得到糾正。心正黨正。

二、讓一部分的體制先民主起來：比如說，曾有「黨內民主」的主張，這可說是讓共產黨內部先民主起來。集體領導，則是讓中央政治局先民主起來。民主集中制，則是讓政策形成的程序先民主起來。不容個人崇拜，就是要最高領導人自己先民主起來。但是，這些「讓一部分體制先民主起來」的嘗試，如今似皆已煙消雲散。

其實，蔣經國的「分期付款式的民主」也有啟示，亦即隨著時空推移，讓國家一階段一階段地民主起來。今天不夠民主，期待明天。

讓一部分體制先民主起來，第一個抓手，就是「依法治黨」。應有一個前提：這個「法」必須有「黨內民主」的根據，否則橫空出世一個「取消國家主席任期限制」，為一人立法，全黨不能「治」一人，如何「依法治黨」？依法治黨必須做到連總書記亦為法律及黨章所治。

至於所謂「一部分體制」，不談其他，至少應從輿論及司法兩個部分做起。對於新聞及言論的箝制，不只是傷害人權，更重要的是層層蒙蔽，使得當權者聽不見、看不到，以致危及當權者自己的安危利害。比如此次風潮，如果封控造成的民憤能夠伸張，何至於鬧到喊「習近平下台」的地步？憲法規定言論自由，但政治操作「不得妄議中央」，這算什麼「依法治國」？箝制輿論，新聞無自由，欺上瞞下，層層蒙蔽，萬馬齊瘖。一旦民憤爆發，星星之火遂釀燎原。

廣義的司法，包括公檢法、中紀委監察委以至街道城管體制。首先，是法律本身要有民主性，不能是惡法亦法的rule by law，而是必須合乎自然正義的rule of law。司法淪為政治工具，其實與城管大白群毆民眾無異。依法治黨的前提在依法治國；依法治國的前提則是黨不可霸法玩法。依法治國是端正黨風的重要憑藉，應使司法體制先民主起來。

其實，上述「讓一部分的錯誤先得到糾正」，與「讓一部分的體制先民主起來」，在「鄧／江／胡」時代皆有試探，但到了習近平新時代卻似倒行逆施，幾告前功盡棄。

自鄧小平起，中共或許一直有一個「大新加坡」的念想。新加坡不是完全民主，但也相當民主。最後使政治的穩定建立在內化的社會共識上，而不是建立在城管與大白的拳腳上。

新加坡透過廉能政治及操作選舉，一方面使政治異議及社會制衡得到相當程度的表達，但另一方面也維持了實質上的一黨主政；而這個成果在大體上是經由民主程序達成，不是靠「不得妄議中央」。

例如，二〇一一年，李光耀的人民行動黨在大選中只得到空前低的百分之六十的選票，卻仍然取得百分之九十三的國會席位（八十七席中的八十一席），這當然存有政治操作，但重要的是，這個體制容許幾個反對黨競選，並在體制上及法律上正式呈現了百分之四十的反對票（雖然反對黨只取得六席）。

這一套設計，維護了「一部分」的民主，更重要的是使行動黨能與民意密切互動，成為其長期廉能執政的主要憑藉。正是：問渠那得清如許，為有源頭活水來。

中共當然不可能照搬新加坡，但是應當從中得到啟示：新加坡是一個可以在體制上、法律上呈現百分之四十反對票的民主，中共的全過程民主卻是一個寒蟬社會及一個寒蟬的黨。這樣的中共，難怪聽不到「下台」，而「下台」卻實際上無形寫在白紙上。

讓一部分錯誤先得到糾正，讓一部分體制先民主起來，是中共與中國的第三條路。

二〇二三年一月十五日

中國崛起與全球文明倡議

多樣或走樣？

如今幾已聽不到「中國崩潰論」，只要看美國及西方在疑懼焦慮中千方百計意欲圍堵中國的局面，即已確證中國已經崛起。

世界不能再用「中國崩潰論」來看中國。對於中國自己來說，則必須思考，崛起的中國要以怎樣的性質與內涵，來面對世界，進而贏得世界對中國崛起的歡迎及支持，成為一個「可信／可愛／可敬」的中國。

中國崛起欲贏得世界的歡迎與支持，首須創造一個偉大光明正確的「全球論述」，亦即提出一個能夠引領人類文明的「中國方案」。近幾年來，已可見到中共在這個課題上進行多層次、多面向的密集努力。

二〇二一年，習近平提出「全球發展倡議」。二〇二二年，提出「全球安全倡議」。今年三月，再提出「全球文明倡議」。三項「全球倡議」，密集，堆疊，可以視為對初始論述「建構人類命運共同體」的延伸與潤色。

中國崛起，如果不能建構一個正大高遠的「全球文明論述」，不但世界不知如何面對中國，甚至中國自己也不知如何面對自己。

其實，在毛澤東時代，中國的「全球文明論述」是十分明確的。就是：「輸出革命／赤化世界／爭取無產階級世界革命的徹底勝利」。甚至在斯大林死後，毛澤東還意圖自封為共產主義體制的國際共主。但在鄧小平改革開放後，韜光養晦。一方面，對外宣誓「永不稱霸」。另一方面，將中國的專政體制定位為中國自有的治理模式，宣稱只是因「國情不同／社會主義初級階段」而採行；一再宣示中國無意將這套專政體制向外推廣，且他國也不用學，因為學不來。換句話說，鄧小平強調的是「中國特色」，不是「全球文明倡議」。

甚至在二〇〇九年，習近平以國家副主席地位在墨西哥稱：「中國一不輸出革命，二不輸出飢餓與貧困，三不折騰你們，有什麼好挑剔的？」當時，習近平的腦中也沒有什麼「全球文明倡議」。

但是，今日的中國密集提出，人類命運共同體、一帶一路、中國式現代化、全球發展倡議、全球安全倡議，一路堆疊升高到全球文明倡議。

是的，中國今日崛起到瀕近世界顛峰的地位，必須面向「全球文明」發言。否則，世界不知如何面對中國，中共政權也不知如何面對中國人，中國人亦不知如何面對中共政權。

審視中共的「全球文明倡議」，為方便評論，本文將之分為「國家目標」與「普世價值」兩個範疇。唯中共對二者雖皆有相當高遠與正面的詞藻鋪陳，但亦有不能自圓其說的缺口與盲點。

一、國家目標：中共標榜「人民至上」，並稱「把所有精力都用在讓老百姓過好日子上」，要追求「共同富裕」。這即使只是一個政治口號，也是十分正大的國家目標，亦是中共用以自我評價治理功過成敗的標尺，值得肯定。

但是，這套治理運作不是建立在「主權在民」的邏輯上，而是想用「讓人民過上好日子」，來交換中國共產黨不容置疑的永續專政。亦即，必先有中共的「好日子」，才有人民的「好日子」。

中共專政的特質是低民主、低人權，但一個低民主、低人權的政治生活，無論如何都稱不上是「人民的好日子」。共同富裕好像只渲染經濟生活的改善，卻因此掩蓋了政治生活的貧窮及苦難。這對「全球文明倡議」所標榜的「物質富裕/精神富足/協調發展」，顯然不能自圓其說。

習近平自問：「我們究竟要怎麼樣的現代化？」又自答：「現代化的最終目標是實現人（的）自由而全面的發展。」這應當是正大的國家目標。

但中共的專政體制，難道是能夠體現「人的自由而全面發展」的體制嗎？或者，中共的專政體制反而正是「人的自由而全面的發展」的最大殘害者。

自由是人性的本質，民主是文明的方向。中共的「全球文明倡議」，應當在「人民至上/主權在民」的國家目標上進行更深層及高質量的思考。

二、普世價值：中共諱言普世價值，甚至駁斥普世價值，但「全球文明倡議」其實是意圖另創一套新的普世價值，且用以取代西方一向主倡的普世價值。

習近平說：「我們要共同倡導弘揚人類共同價值（按，不就是普世價值嗎？），和平、發展、公平、正義、民主、自由是各國人民的共同追求。」

習近平說的這六項「人類共同價值」，其中還包括了民主、自由，其實與現今主流稱的「普世價值」完全一樣，可謂異口同聲。

但是，習近平在倡議這六項「人類共同價值」的同時，實際上卻又主張堅持「馬克思主義基本原理」（本文認為「基本原理」是：消滅私有制、暴力革命、階級鬥爭、無產階級專政、國家死滅論），則是自相鑿枘。難道這樣的馬克思主義五大基本原理，就是「人類共同價值／全球文明倡議」？

為了標榜「全球文明倡議」的殊勝，中共一再強調「世界文明的多樣性」，「一花獨放不是春／百花齊放滿園春」。

中共之所以強調「以文明互鑑超越文明衝突／以文明包容超越文明優越」，其實只是用「人類共同價值」的面具，來遮蓋住「一黨永遠專政」及「馬克思主義基本原理」的真貌，並要世界「包容」這樣的「多樣性」，且欲將之提升為「全球文明倡議」。

然而，中國是一個大國與強國，畢竟不是朝鮮或古巴，倘若中國永遠是一個低民主、低人權的國家，不但十四億中國人及其後裔必須永遠承當一黨專政的負荷，對全球文明也是一個嚴重的威脅。

如果中共這樣的治理體制竟然成為「全球文明倡議」，且想像全球國家若皆採行一黨永遠專政，相率標榜「馬克思主義基本原理」，那豈不成了全球文明的浩劫？

中共已經警覺到必須建立一套「全球文明論述」，否則不能匹配中國崛起的世界角色。這牽涉到中共的自我救贖，更攸關中國未來的內涵與方向。因此，中共不能妄想僅以「文明多樣性」為理由，就要人類接受中共一黨專政的體制為「全球文明倡議」。這不但不可能是全球文明的應然追求，也完全不能匹配世界對中國崛起的期待。

這樣的「全球文明倡議」，雖是「多樣性」，也更是完全「走樣」了。

我在大陸的微博上看到一句話：「先弄清什麼是文明，再來倡議文明！」

自由是人性的本質，民主是文明的方向。

二〇二三年五月七日

共同跳脫單邊主義

兩岸安全不可分割原則

對照習近平提出的「全球安全倡議」，本文嘗試討論一下「兩岸安全倡議」。兩岸深陷戰爭危機，就戰略安全的角度來看，主要的原因是：中共要消滅中華民國，台灣感到不安全；民進黨要搞台獨，中共與中國感到不安全。

若欲化解這個安全困境，中共不要消滅中華民國，俾使台灣感到安全；台灣不要搞台獨，俾使中共與中國感到安全。這是「兩岸安全倡議」的基本架構。

俄烏戰爭後，許多論者認為戰爭的原因是：俄國只問自己的安全，不問烏克蘭的安全，在併吞克里米亞及操作烏東分離事件後，仍得隴望蜀，遂發動戰爭；烏克蘭則當然不得不顧慮自己的安全，但在操作納粹化、軍事化、北約化的民粹政治上完全失準失控，遂授予俄國「受到北約東擴安全威脅」的口實，招致戰爭。論者指出，俄烏兩方的安全操作皆是「單邊主義」，不是「系統性安全」，終至爆發戰爭。

顯然是受到俄烏戰爭的影響，中共提出了「全球安全倡議」。基本論述在指出安全思維不能是「單邊主義」，必須是一種「共同安全理念」。亦即，不能只問自己的安全，不問他人的安全。

「全球安全倡議」主張「安全不可分割原則」，「自身安全與共同安全不可分割，安全權利與安全義務不可分割，安全與發展不可分割」。

在俄烏戰爭以前，中國崛起的氣勢澎湃，中共官方充滿戰狼意態，民間則是「厲害了，我的國」；及至俄烏戰爭陷入僵局，「安全」突然成為中共官方的頻發詞，習近平在二十大報告中提到「國家安全」一詞竟達九十一次。這是「全球安全倡議」出台的背景。

本文認為，如今中共一方面看到了俄烏戰爭的悲劇，一方面看到了自己身陷西方脫鉤圍堵，於是發表「全球安全倡議」，則一方面不但是要召喚各方尊重中國的安全權利，另一方面更應反省中共自身必須承負的安全義務。

習近平提出的「全球安全倡議」，在思維與精神層面，完全可以移轉到文本想像中的「兩岸安全倡議」。

俄烏戰爭若是緣於各自「單邊主義」的安全操作，則兩岸關係亦應當深刻認知到文首所描述的「安全不可分割原則」。中共不能不給台灣安全，只問自己的安全；台灣也不能不給中國安全，只問自己的安全。因為，倘是如此，安全就會「分割」。

簡略而言，兩岸當前的安全困境如下：

一、兩岸關係愈來愈深入鑲嵌在西方操作的地緣政治之中。台灣為了尋求援助，自然可能受到西方的誘惑。而中共面對西方圍堵，也會愈來愈繞不過「修昔底德陷阱」。台灣與中共想要跳出西方地緣政治的操作，皆非易事。

二、中共返祖「馬克思主義基本原理」，形同為「改革開放」封了頂，因此台灣人對中共未來的「和平演變」難存寄望。尤其加上香港的變局，更使「一國兩制」在台灣成為過街老鼠。台灣內部飽含民粹意識的「懼統容獨」的「安全思維」愈來愈重，中共的「不安全感」也就愈來愈重。

由於以上兩點，外部地緣政治撕裂兩岸的行動愈來愈真實，且兩岸取得終局解決（如統一）的困難也愈來愈大。這正是兩岸可能發生戰爭的原因，但也正是兩岸千萬不要發生戰爭的原因，看俄烏可知。因此，「安全」（不開戰）就成了兩岸關係必須凸顯的新關注與新視角。

過去，談兩岸安全有兩個盲點：

一、在中共的強勢恫嚇下，過去談兩岸安全好像只是說台灣安不安全。但今日已見，台海安全不但只是台灣的安全，也包括了中國的安全，兩者互為因果，要一起來看，不能分割來看。在「全球安全」的觀點下，如果台灣不安全，中國也不安全。

二、再者，過去只強調，中共欲武統是破壞台海安全的發動者與加害者。但相對而言，民進黨如果搞法理台獨，或務實台獨或一邊一國或倚美謀獨，也必成為破壞台海安全的發動者或引戰者。

以上兩點，就是兩岸的「安全不可分割原則」。亦即前文所說的：中共要消滅中華民國，台灣感到不安全；民進黨要搞台獨，中共與中國感到不安全。

我們若要借鏡「全球安全倡議」來建構「兩岸安全倡議」，就是要建立兩岸安全的「不可分割」。中共不消滅中華民國，台灣不搞台獨。那麼，你安全，我也安全；我安全，你也安全。你的安全裡面有我的安全，我的安全裡面有你的安全。這就是「不可分割」，不是「單邊主義」。

中共若要消滅中華民國，如《大屋頂下》所論，這不僅違反絕大多數台灣人的安全與利益，也不僅因此就毀滅了中國五千年來所僅見的民主政體，亦是對「全球文明」的直接破壞。中華民國為了台灣，為中國，為全球文明，當然無可退讓，這是中華民國的「安全觀」。

相對而言，台獨不但涉及中國對外的「安全觀」，且如習近平說「十三億中國人不會同意台獨⋯我們（中共）如果不處理（台獨），會被十三億人民推翻」，這則是中共對內的「安全觀」。此即王滬寧所以說「台獨與和平水火不容」。

因此，「中華民國」就成了「兩岸安全不可分割原則」的底線。

何況，當兩岸關係愈來愈深入鑲嵌在西方地緣政治中，「維持（中華民國）現狀／和平解決兩岸問題」，儼然已成美國及西方的「安全倡議」。亦即，中華民國安全（現狀安全），台灣安全，中國也安全；中華民國不安全（現狀不安全），台灣不安全，中國也不安全。如此，中華民國不但是兩岸的共同安全底線與護欄，儼然也是台美中三邊的共同安全底線與護欄。

因為，中華民國有事（武統或台獨），世界有事。

這樣的「兩岸安全倡議」，應當建立在《大屋頂下》想像的「新型兩岸關係」之上。舊的兩岸關係是「中共與台獨皆要消滅中華民國的兩岸關係」；新型的兩岸關係則是「中共與台灣共同維持中華民國的兩岸關係」。

兩岸都要跳脫「單邊主義」。不能說，只有我能活，你去死。大家都要活，都要維護各自的安全。此處借用並補充習近平的話說：「企圖把誰扔下大海，都是（中華民族）不可接受的。」

這是一個「電車難題」：姑莫說兩岸都是誰無父母誰無兒女的生靈，且兩岸都是中國血淚試誤建造的文明。

因此，「定錨中華民國／共構和平競合」，應是「新型兩岸關係」，也是「兩岸安全倡議」。

二〇二三年五月二十八日

跋

當黃年的「大屋頂」落成

寫在《總統的脊梁：二〇二四中華民國總統大選的兩岸視角》出版之時

張作錦（《聯合報》顧問）

黃年在《聯合報》與我同事，前後四十八年了。我今年九十一歲，有超過一半歲月是和他在一起過的。

一九七五年，黃年在《聯合報》作畢業實習，任實習記者，我當時是採訪主任，報社在實習期滿就聘他為正式記者。至今近半世紀來，我們不是泛泛地「在一起」，而是並肩作戰，支援呼應，為《聯合報》和台灣新聞事業整體發展盡了些力。

黃年是我政大新聞系的後期同學，我們間隔多屆，後來聽到他很多傳聞。最動人的一次，是一九七一年十月二十五日中華民國退出聯合國當天，正值政大期中考在學校大禮堂舉行，考試正要開始，當年大一的黃年突然站起來說，周書楷大使已經率我聯合國代表團離開聯大會場，讓我們一起起立唱中華民國國歌，為國家加油。說完他引吭高唱國歌，數百師生跟著立正高唱，現場情緒說是「慷慨悲壯」並不為過。

由此一點，可以證明黃年是愛國的——不是哪一個政體或哪一個政權，而是整個的「中國」。

黃年在《聯合報》任職不久，以第一名考上政大政治研究所碩士班，離職回校念學位。後來有段時間曾到友報工作。一九七八年十一月二十四日，時任《聯合報》總編輯的我，突然收到黃年寄給我一篇非常深刻而漂亮的文章：〈一個災難的中國，必無苟免的台灣——給黨外人士的諍言〉，署名「童舟」。我立即把它刊登在次日《聯合報》第二版的顯著位置。文章主要的意思是：一、對政治反對運動的不公平處境深寄同情；二、對反對運動持肯定立場，也給予明顯的支持與期許；三、但提醒不要走上歧路，不要走偏了；四、指出族群動員及台獨思維是台灣民主政治的危機；五、台灣問題必須在中國問題裡面尋找解決的方法。

接著，十一月三十日，我以「龔濟」的筆名於同一版位發表〈必須有團結的台灣，始可有統一的中國——對中國國民黨的評言〉。我指出，「我們沒有健全的在野黨，是（政治）緊張無法鬆解的原因」；文中直指政黨政治的禁忌話題，大力呼籲當局以理性對待反對運動，亦應給媒體及議會更大的空間。

童舟龔濟（同舟共濟）的專文立即成為輿論焦點，社會回應熱烈；而這兩篇文章所表達的「支持民主發展，期勿走錯方向」，「在野黨應節制，執政黨應開明」的思維，非但反映了自當年迄今台灣政治辯論的主軸議題，也代表了《聯合報》對台灣民主發展的基本關懷。這個立場，始終未變。

童舟此文，黃年原本是在友報發稿但遭退件，因此他寄給了我。

黃年因這段因緣回到了《聯合報》，與我同事，他在報館的工作歷程大體可分為四個階段，而且各有其卓越成就：一、《聯合報》專欄組主任及採訪組主任——帶出兩支鋼鐵部隊；二、《聯合晚報》創刊總編輯——一鼓作氣創出五十萬份的奇蹟；三、《聯合報》總編輯——促進《聯合報》轉型、精緻和多樣化；四、《聯合報》兼總主筆——為他自己和報館贏得了信任、樹立了權威。

在這些工作中，我認為主持言論部二十一年，是黃年最能表現才華的時刻。

報紙主要有兩項功能，一是報導新聞，二是評論時事。報導新聞對社會是告知功能，評論時事對社會是引導或指導功能，基於社會進步的觀點，一般咸認後者尤重於前者，此所以張季鸞成為《大公報》的代名詞，而世人提到《紐約時報》也必想到它的言論版。

黃年就任總主筆的當時，台灣內有民主化的問題，外有兩岸的問題。這些問題關係台灣的生存發展，無法迴避，黃年也不願迴避，他舉起如椽大筆，迎上前去。

當時黑金創始者的李登輝戴上一副改革者的面具，民進黨的台獨主張有不少追隨者，而陳水扁頂著「第一次政黨輪替」的冠冕行貪腐之實，黃年不斷寫社論嚴正揭發與批判，在當時的政治環境下，壓力很大。壓力不僅加在他身上，尤在採訪記者同仁身上，想來也在報館當局身上，黃年處境之困難可想而知。

一九九七年，李登輝操作第四次修憲，黃年主持的《聯合報》言論部陸續推出〈修憲，不可毀憲〉系列社論五十八篇，其中四十八篇出自黃年之手。此為憲政史上所未有，亦新聞史上空前之舉。當年這些評論受到各種摧折，如今可證俱為春秋之筆。

至於兩岸間的關係，豈僅「開中國三千年未有之變局」，因為東西晉、南北朝不能類比；就是全世界也無先例，因為台灣的處境比東西德、南北韓、南北越艱困尤甚也。黃年浸淫於這些問題之間，摩頂放踵、苦思焦慮，想為中華民國找一條新出路，他從「筷子理論」、「杯子理論」、「渡河論」、「統一公投」、「過程論」和「目的論」，一直到「大屋頂中國」，非僅完成了他自己的論述體系，受到兩岸領導人和社會有識之士的注意，就連民進黨某些青壯派也表示認同，因為若無此一「第三概念」或「上位概念」，兩岸如何能繼續走得下去？

「大屋頂」蓋好，黃年完成了他的「階段性任務」，也完成了一項「歷史性任務」，他此時出版這本書，應在總結他長年來對兩岸前途的論述和期望。

一九八四年，《天下雜誌》一月號以「誰是新一代的領導人」做專題報導。時任《聯合報》採訪組主任的黃年列名其中。「同榜」的有蕭萬長、宋楚瑜、章孝嚴、邱正雄、施振榮、薛琦、徐小波、苗豐強、曹興誠、康寧祥、林懷民和紀政等人，誠所謂「同學少年多不賤」也。我當時甫卸任《聯合報》總編輯不久，《天下》記者請我談談黃年，我引《史記・平原君虞卿列傳》的話來形容他：「夫賢士之處世也，譬若錐之處囊中，其末立見。」雜誌採訪記者只翻譯成一句白話：「口袋裡的錐子」。文章的標題就用這幾個字，以後幾十年也成了外界讚譽黃年的「標準用語」。

黃年已大概體現了他「大屋頂中國」總工程師的角色，這個錐子是不是又回到口袋去了呢？我覺得主要看已蓋好的「大屋頂」有沒有人願意住進去，如果雙方參觀之後都施施然而去，黃年可能不會死心，這個錐子說不定「其末立見」。

國家圖書館出版品預行編目（CIP）資料

總統的脊梁：二〇二四中華民國總統大選的兩岸視角 / 黃年作 . -- 第一版 . -- 臺北市：遠見天下文化，2023.08

384 面；14.8×21 公分 . --（社會人文；BGB559）

ISBN 978-626-355-341-5（平裝）

1. 元首　2. 兩岸關係　3. 臺灣政治

573.09　　112011533

社會人文 BGB559

總統的脊梁

二〇二四中華民國總統大選的兩岸視角

作者 —— 黃年

總編輯 —— 吳佩穎
社文館副總編輯 —— 郭昕詠
副主編 —— 張彤華
校對 —— 凌午（特約）
美術設計 —— 朱陳毅（特約）
內頁排版 —— 簡單瑛設（特約）

出版者 —— 遠見天下文化出版股份有限公司
創辦人 —— 高希均、王力行
遠見・天下文化 事業群董事長 —— 高希均
事業群發行人／CEO —— 王力行
天下文化社長 —— 林天來
國際事務開發部兼版權中心總監 —— 潘欣
法律顧問 —— 理律法律事務所陳長文律師
著作權顧問 —— 魏啟翔律師
地址 —— 台北市 104 松江路 93 巷 1 號
讀者服務專線 —— (02) 2662-0012 ｜傳真 —— (02) 2662-0007；(02) 2662-0009
電子郵件信箱 —— cwpc@cwgv.com.tw
直接郵撥帳號 —— 1326703-6 號　遠見天下文化出版股份有限公司

製版廠 —— 中原造像股份有限公司
印刷廠 —— 中原造像股份有限公司
裝訂廠 —— 中原造像股份有限公司
登記證 —— 局版台業字第 2517 號
總經銷 —— 大和書報圖書股份有限公司 電話／ (02) 8990-2588
出版日期 —— 2023 年 8 月 18 日第一版第 1 次印行

定價 —— NT 500 元
ISBN —— 978-626-355-341-5
EISBN —— 9786263553569 (EPUB)；9786263553552 (PDF)
書號 —— BGB559
天下文化官網 —— bookzone.cwgv.com.tw

天下文化
BELIEVE IN READING